中华大成语

丰硕 著

中国民族文化出版社
北 京

图书在版编目（CIP）数据

中华大成语 / 丰硕著 . — 北京 : 中国民族文化出版社有限公司 , 2022.8

ISBN 978-7-5122-1588-7

Ⅰ.①中… Ⅱ.①丰… Ⅲ.①汉语—成语—故事—青少年读物 Ⅳ.① H136.31-49

中国版本图书馆 CIP 数据核字（2022）第 120290 号

中华大成语
ZHONGHUA DA CHENGYU

作　　者	丰　硕	
责任编辑	何敬茹	
责任校对	李文学	
出 版 者	中国民族文化出版社　　地址：北京市东城区和平里北街 14 号	
	邮编：100013　联系电话：010-84250639　64211754（传真）	
印　　装	三河市天润建兴印务有限公司	
开　　本	880mm×1230mm　　32 开	
印　　张	10	
字　　数	237 千	
版　　次	2023 年 1 月第 1 版第 1 次印刷	
标准书号	ISBN 978-7-5122-1588-7	
定　　价	49.80 元	

前　言

　　成语是什么？是每个中国人耳熟能详、脱口而出的经典词语。成语故事是什么？是流传千古、老少皆知的民间典故。中华文明源远流长，历史文化典籍中的典故也是数不胜数。如果说汉语是浩瀚的大海，那么成语就像大海中美丽的贝壳。每一个成语的背后都有一个意义深远的故事。这些故事就像贝壳中的珍珠，愈是经过岁月的打磨，就愈加熠熠生辉。时至今日，大量的成语被现代人广泛使用着，散发出永恒的韵味，它们的价值恒久不衰。

　　品读中华传统文化的精粹，重温历史的永恒瞬间，传承五千年的文明命脉，《中华大成语》一书涵盖了家喻户晓的民间成语故事：从流传千古的风云人物的历史故事，到神奇的数字成语故事。编者用严谨却又不失活泼的文字语言，丝丝入扣，带你回到一个个风云莫测的历史朝代；用诙谐亲切的口吻，和你一起或笑或叹一个个历史名人的趣事；用历史的眼光、独特的视角，为你讲述一个个富有哲理而令人回味无穷的历史故事。

在这里，你会感到醍醐灌顶；在这里，你将"衣带渐宽终不悔"；在这里，你将穿越中国数千年的历史文化。

中华民族已经延续了数千年的历史文明，成语是中国传统文化的精华，是中华民族智慧的结晶，是后人了解历史的一扇窗户，是现代人知古鉴今的一面明镜。《中华大成语》提炼出的两百余个最为经典的成语故事，将让你在中华文明的历史长河中流连忘返，体味古人命运的悲怆与唯美，感受历史的曲折与辉煌，领略中国传统文化的博大与精深。

目　录

I

爱屋及乌

【释义】 喜爱那所房屋，连房屋上的乌鸦也一并喜爱，比喻由于喜爱某人，也连带地喜爱与他有关系的人或物。乌：乌鸦。

【出处】《尚书大传》：纣死，武王皇皇，若天下之未定，召太公而问曰："入殷奈何？"太公曰："臣闻之也：爱人者，兼其屋上之乌；不爱人者，及其胥余。何如？"

【故事】 殷商末年，商纣王残忍无道、穷奢极欲。周文王姬昌因为得罪商纣王而被关押了起来，想了很多办法才得以出狱。那时候，周国的都城在现在陕西省岐山县，周文王回到岐山后，下定决心一定要推翻商朝的腐朽统治。

周文王听说姜子牙（即姜太公）是一个很有才华的人，于是就把他请来做了军师。在姜子牙的建议下，周文王积极发展经济和军事力量，练兵备战，使周国一天天强大起来，后来又兼并了邻近的几个诸侯小国，势力不断壮大。

为了国家发展的需要，周文王将都城东迁到了丰邑（今陕西省西安市的鄠邑区），准备向东进军。可是没多久，周文王就逝世了，姬发即位。姬发是周文王的第二个儿子，即后来的周武王。

周武王即位后，姜子牙仍然得到重用，继续担任军师。周武王的两个弟弟姬旦和姬奭都很支持周武王，同时周武王还得到了其他几个诸侯的拥护。在这样好的形势下，周武王决定正式发兵讨伐商纣王。周国的大军在孟津（今河南省孟津，黄河边上的一个渡口）渡过黄河，向东北挺进，直逼商朝的国都朝歌（今属河南省鹤壁市）。

商纣王早已失掉了民心，士兵也不愿意再为他卖命。于是，两军对战时，商朝的士兵逃的逃，降的降，起义的起义，朝歌很快就被攻克。商纣王自觉无颜面对列祖列宗，于是焚火自杀，商朝从此就灭亡了。商朝之后，就是周的天下，称为周朝，周朝持续了八百年之久。

朝歌被攻克之后，周武王不知道怎样处置商朝遗留下来的贵族、官宦、将士，很怕这些人会引起国内混乱，心里非常忧愁。所以，周武王派人把姜子牙找来商议对策。

周武王问姜子牙如何处置殷商遗民，姜子牙说："我听说，如果喜爱一个人，就要连带他屋上的乌鸦一起喜爱；如果憎恨一个人，就要连他的仆人家从一起憎恨，应该全部杀掉，一个也不要留。您是怎么看的？"听完姜子牙的话，周武王若有所思，对于如何对待这些遗老遗少，心里已经有了主意。后来，人们就用"爱屋及乌"来形容喜爱某个人，连带也喜欢上了他喜欢的人或物。

安如泰山

【释义】 形容安稳牢固，不可动摇。

【出处】《上书谏吴王》：能听忠臣之言百举必脱。必若所欲为，危于累卵，难于上天；变所欲为，易于反掌，安于泰山。

【故事】 刘濞是汉高祖刘邦的侄子，极为剽悍勇猛且有野心，被封为吴王。汉文帝时，刘濞的儿子吴国太子与汉文帝的皇太子下棋时发生争执，吴太子骄纵无礼，被皇太子所杀。刘濞痛失爱子，对中央政权更加怀恨在心，就暗中图谋篡夺帝位。

汉景帝即位后，采用御史大夫晁错的建议，削减各诸侯国的领地，加强中央的权力和威信，巩固国家的统一。本来就图谋反叛的刘濞正好借此机会，联络其他诸侯国进行谋反。当时刘濞府中的郎中枚乘清醒地看到了刘濞阴谋反叛的野心和祸害，就写了一篇《上书谏吴王》，十分恳切地对刘濞进行劝谏，字字针对要害，向刘濞阐述谋反的祸端。

谏书说："如果吴王您能够听取忠臣的话，一切祸害都可以避免。如果您一定要按自己所想的那样去做，那就好比叠鸡蛋一样危险，简直比登天还难。吴王您如果现在尽快改变主意，就好比翻一下手掌那么容易，也能使您的地位比泰山还稳固。"

但野心勃勃的刘濞根本对《上书谏吴王》不屑一顾，仍然执迷不悟，加紧进行阴谋活动。枚乘屡劝无效，只好离开吴国，到梁孝王刘武府中做了宾客。

公元前154年，刘濞联络楚王刘戊、赵王刘遂、济南王刘辟光、淄川王刘贤、胶西王刘卬、胶东王刘雄渠，以"清君侧、诛晁错"为名，起兵叛乱，史称"七国之乱"。汉景帝一方面听信了谗言，另一方面迫于诸侯国的压力，杀了晁错，并向诸侯王们表示歉意，请他们退兵。

既然汉景帝做了让步，刘濞他们已经没有反叛的理由，就该退兵了，"七国之乱"也就不了了之了。但是，刘濞叛军并没有退兵，反而继续向汉军进攻，还公开扬言要夺取皇位。这时，枚乘又写了一封《上书重谏吴王》，劝刘濞退兵，刘濞仍然不肯回头，妄图一举获得天下。

刘濞叛军至梁国，被汉景帝的弟弟梁王刘武拦阻。汉景帝终于下定决心以武力进行镇压，派汉朝大将周亚夫和窦婴率军三十六万讨伐吴楚叛军。不到三个月，刘濞兵败被杀，七国都被中央废除。

"七国之乱"平定之后，枚乘因写了《上书谏吴王》，具有远见卓识而名声大振。"安如泰山"这个成语就源自枚乘的《上书谏吴王》。后来，人们就用"安如泰山"来形容某个人的神态或地位安稳牢固，不可动摇。

按图索骥

【释义】 按照画像去寻求好马，比喻按照线索寻找，也比喻办事机械、死板。索：寻找。骥：好马。

【出处】 《汉书·梅福传》：今不循伯者之道，乃欲以三代选举之法取当时之士，犹察伯乐之图，求骐骥于市，而不可得，亦已明矣。

【故事】 春秋时期，秦国有个名叫孙阳的人，擅长鉴别马的优劣，据传是我国古代最著名的相马专家。他在多年的驯养马匹的实践中，积累了丰富的经验，练就了一双独特的慧眼，无论什么样的马，他都能一眼分出优劣来。因此，孙阳被人们称为伯乐。就连秦国的国君秦穆公，也请孙阳来帮助他物色和驯养千里马，非常器重孙阳。

为了能让自己相马的绝技后继有人，孙阳总结了自己多年来识马、选马的经验，写成了一本书，取名为《相马经》。这本书详细地描述了世间的各种好马、千里马的特征，还配有很多图作为识马的参考，让人们学会寻找千里马。

孙阳有个儿子，比较愚笨，他很想学会父亲相马的本领，便把父亲写的《相马经》背得滚瓜烂熟。之后他觉得相马也没什么难的，自以为已经掌握了父亲的相马本领，就想找到一匹千里马给父亲看看。他拿着《相马经》，按照上面所描绘的好马的图形和关于好马的文字描述去找千里马。

一天，孙阳的儿子走在路边，忽然看见一只癞蛤蟆。癞蛤蟆的前额和父亲《相马经》上所描述的好马的特征很相像，都是高脑门、大眼睛，只是它的蹄子不太像，因为父亲的书上说："千里马的蹄子像叠起来的酒药饼子。"他想：也许每个马的蹄子都不一样呢。他以为找到了一匹千里马，很高兴，便把癞蛤蟆带回家，马上跑去对父亲说："我找到千里马了！我找到千里马了！书上画的好马的图形和这个差不多，唯一不像的就是蹄子。还有这匹马还没长大，个子小了一点儿。"孙阳看了看儿子手里的大癞蛤蟆，听了儿子的话，哭笑不得，只能幽默地对儿子说："儿啊，你这匹马太爱跳了，不好驾驭啊。"

"按图索骥"这个成语比喻机械地照书本上的知识或老方法办事，不会变通，不求事物的本质，也用来比喻按照线索去寻找事物。

暗箭伤人

【释义】 放冷箭伤害人，比喻暗地里用某种手段伤害人。

【出处】《迩言》：暗箭中人，其深次骨，人之怨之，亦必次骨，以其掩人所不备也。

【故事】 春秋时期，郑国国君郑庄公励精图治，友邻和善，郑国气氛非常好。在得到睦邻鲁国和齐国的支持下，郑庄公开始开疆拓土计划，准备讨伐许国（今河南省许昌）。一切准备妥当后，郑庄公在巍峨的宫殿前检阅部队，发派兵车，进行战前动员。

忽然，郑庄公发现有人争吵，原来是老将军颖考叔和年轻将军公孙子都，为了争夺兵车的事情吵了起来。颖考叔老当益壮，从不服老，抢先一步拉起一辆兵车转身就跑，公孙子都见状立刻拔起长戟飞奔追去。郑国公发现这两员爱将只是为了争夺兵车、给国家建立功勋而争吵，就一笑了之，没有过问。哪知公孙子都没有追上颖考叔，非常气恼，因此就对颍考叔怀恨在心。

经过一段时间的精心准备和练兵，郑庄公正式下令攻打许国。郑国大军英勇无比，很快逼近许国都城。攻城的时候，老将军颍考叔奋勇当先，第一个爬上了许国城头。公孙子都眼看颍考叔就要立下大功，想到之前的兵车之争，心里更加恼火起来，便用一支箭对准颍考叔的后背，"嗖"的一声放了过去。一只脚已经迈上城头的老将军就这样一个跟斗摔了下来。老将军怎么也没想到，他会因自己人的嫉妒而丧命。

另一位将军瑕叔盈还以为颍考叔是被许国士兵杀死的，连忙拾起大旗，继续指挥郑国士兵勇猛战斗，终于把城攻破。许国的国君许庄公逃亡到了卫国，许国的土地并入了郑国的版图，郑国扩展了疆土。

与敌国大战之际，不去射杀敌人，却因为个人恩怨在背后向自己的战友放冷箭，这就叫作暗箭伤人。历史延续到今天，暗箭不再仅限于兵器，泛指任何暗地里伺机伤害别人的手段。

八面威风

【释义】 各个方面都很威风，形容神气十足、声势浩大的样子。威风：令人敬畏的气势。

【出处】 元代杂剧《单鞭夺槊》：圣天子百灵相助，大将军八面威风。

【故事】 元朝末年，封建朝廷愈加腐败，搜刮民脂民膏，对百姓百般欺压，惹得各地的农民纷纷举起义旗，反抗元朝的统治。农民军自制武器，自发组织军队，不断反抗元政府。朱元璋带领其旗下的起义士兵攻下安徽和阳，准备继续南下。

在过年那天，朱元璋正巧要渡江，便跟大将徐达找到一对划船的老夫妇，请求带他们过江，并许诺在渡江之后给老夫妇丰厚的船资。这对老夫妇起初并不知道其中一人就是朱元璋，但是看到要乘船的人气度不凡，便一口答应了请求，并让他们到船舱里休息，好酒好菜地招待他们。

朱元璋对徐达说道："现在各处民怨四起，看来统一全国是势在必行。问题是，我们下一步要怎样去做，才能取得胜利呢？"徐达说道："您现在的势力已经不同往日，夺取全面胜利指日可待，关键就是稳中求胜，不要急躁激进。顺天势，得人心，必然会登上大宝。"

老船夫听到二人说话之后立刻反应过来，原来在他船上的人，便是大名鼎鼎的朱元璋和徐达。从长江北岸渡过长江需要很长一段时间，一路上这对划船的老夫妇对他们照顾有加。很快，船要靠岸了，老夫妇忽然拿出一壶好酒，双膝跪地呈上，嘴里高声喊着："请主上喝了我们的美酒，祝一切顺利！圣天子六龙护驾，大将军八面威风。"

朱元璋先是一愣，很快便明白过来，原来这几句话是祝贺帝王的。他的心里先是一阵暗喜，看来民心所向于他，便和徐达对了下眼色。二人轻轻地互相踢着脚，以鼓励对方，也饱含庆贺之意。

果然，朱元璋后来真的统一了全国，建立了明王朝，成为历史上有名的皇帝明太祖。与徐达提起当年之事时，他还不忘那对有远见的船夫夫妇，命徐达务必找到当年划船的老夫妇，给他俩以丰厚的奖赏，又将那只小船涂上朱红颜色，以示对大明朝有功绩。

后人一般用"八面威风"来形容气场强大、方方面面都十分优秀的人。

白虹贯日

【释义】 白色的长虹贯穿太阳。古人认为人间有不平凡的事，就会引起这种天象的变化。

【出处】 ①《史记·鲁仲连邹阳列传》: 昔者荆轲慕燕丹之义，白虹贯日，太子畏之。

②《战国策·韩策二》: 聂政之刺韩傀也，白虹贯日。

【故事】 战国时，有一个韩国的勇士叫聂政，他杀了曾陷害他父亲的仇家，然后带上母亲、姐姐逃至齐国，以屠狗为生。韩国的大夫严仲子为避免被韩国的丞相侠累（名傀）所害，也离开韩国，开始周游各国，同时寻找一个可以替他杀掉侠累的人。严仲子到了齐国后，听说聂政是个勇士，因为躲避仇家才到齐国做屠夫，于是亲自去聂政家拜访他。两人往来频繁，遂成为朋友。

一天，严仲子派人送许多好酒好菜到聂政家，还送上许多黄金，说是为了给聂政母亲贺寿。聂政觉得严仲子的礼太贵重了，就说："我家中贫穷，屠狗就是为了谋生以奉养母亲，这是我应该做的。大人您和我只是一般朋友，送这么贵重的礼物，我不能接受啊！"

严仲子屏退左右，严肃地说："我也是为了躲避仇家才周游各国。听人说您是侠道中人，很讲义气，所以我就赠送百金，作为朋友您的日常生活费用。能够交到您这样的朋友，我很高兴，没什么别的要求。"聂政回答说："我之所以放弃理想，隐于市井，是为了让老母亲颐养天年。母亲在世，我是不敢拿自己的生命去冒险的。"

后来严仲子又多次送给聂政厚礼，而聂政始终不肯收。虽然如此，严仲子始终对聂政礼遇有加，总是尽了礼数之后才走。

几年后，聂母去世。在为母亲服过丧之后，聂政对已经嫁人的姐姐说："姐姐，前几年因为母亲在世，您未出嫁，我一直在市井厮混。现在，母亲走了，您也出嫁了，我希望可以去报答朋友的恩情。当年，我只是一个市井之徒，严仲子却对我青眼有加，还在母亲大寿之时送上那么贵重的贺礼。我虽然没有接受贺礼，但记住了他的情意。我聂政不愿辜负人家的这份情意，我现在要去帮他做些事了，姐姐要珍重啊！"

聂政找到严仲子，对他说："以前我没有答应您的要求，是因为要奉养母亲。现在我母亲已经享天年而终，我可以替您报仇了，请告诉我仇家的名字吧！"严仲子说他的仇家是韩国的丞相侠累。因为保护侠累的卫士很多，严仲子就想派一些车骑随从做聂政的助手，但是被聂政拒绝了。因为知道的人越多，万一被捉，就越容易暴露严仲子的行动。于是，聂政坚决不要车骑随从，孤身一人去刺杀侠累。

聂政到达韩国时，天空出现了奇怪的现象：白色的长虹穿日而过。大家都觉得要出什么大事，于是聚在一起讨论。聂政来到韩国丞相侠累的府邸，一句话也不说，挥动长剑，刺向侠累。因为事发突然，众人乱作一团。聂政趁乱一剑刺死了侠累，另外又杀了侠累的几十个侍从。然后，聂政毁掉自己的面容，剖腹自杀了。

韩国国君的叔父兼丞相的侠累死了，韩国国君非常生气，于是命人将聂政的尸身暴露在集市上，并贴出告示：如果谁能说出刺客的身世背景、受谁指示，就赏赐千金。

聂政的姐姐聂荣听说了这个消息，立刻赶往韩国的都城。当她到暴尸的市集一看死者果然是自己的兄弟，就伏尸大哭说："这是我的弟弟聂政啊！"街上的人对她说："此人刺杀了我们韩国的丞相，我们国君赏赐千金要追查这个人的情况，夫人难道不知道吗？怎么还敢来认尸呢？"聂荣说："我当然知道。但是我弟弟之所以放弃自己的理想，藏匿在市井屠夫之间，就是因为母亲还活着，我还未出嫁。现在母亲安享天年，我也已嫁人，弟弟没了牵挂，才决定为知己死，替知己报仇。弟弟自毁面目，就是怕我认出他。这样为我着想的弟弟，我怎么会怕被牵连呢？"

聂荣抚尸陈说弟弟的壮举，震惊了韩国所有看热闹的人。大家都对聂政肃然起敬，并被姐弟俩的深情所感动。聂荣因悲伤过度死在了聂政的身旁。后世用"白虹贯日"来形容不好的事情将要发生。

班门弄斧

【**释义**】 在鲁班门前舞弄斧子，比喻在行家面前卖弄本领，不自量力。鲁班：春秋时期鲁国人，著名的木匠。

【**出处**】 《王氏伯仲唱和诗序》：操斧于班、郢之门，斯强颜耳。

【**故事**】 鲁班是战国时的能工巧匠，被认为是木匠的祖师爷。

在当时，还有一个工匠名叫石。匠石是楚国京城郢都人，他的能力和鲁班不分高低。庄子在《徐无鬼》里讲过一个关于匠石的故事：据说匠石有一个好朋友，匠石常和这个人一起配合表演节目。这个朋友在鼻子尖上薄薄地涂一层白灰，匠石拿起斧子，瞅准了朋友的鼻子尖，"唰"的一下，就用斧子把鼻子尖上的白灰削掉了，而连他朋友鼻子尖的皮都不会蹭到。由此可见匠石的本领有多大。

后来，有一个叫梅之焕的诗人。他四处游玩，某天来到了采石矶，这里是李白墓的所在地。在李白墓前，梅之焕发现有许多人题诗，其中不少还写得很不高明。梅之焕觉得挺可笑，回去之后便也写了一首诗："采石江边一堆土，李白之名高千古。来来往往一首诗，鲁班门前弄大斧。"意思是说那么多人来拜谒李白的墓，来来往往都要写一首诗题在上面，然而却不想想，在李白的墓前题诗，那不就好比在鲁班门前耍斧子一样吗？这样不知好歹，不怕人家笑话吗？

半途而废

【释义】 指做事不能坚持到底，中途停顿，有始无终。

【出处】 《礼记·中庸》：君子遵道而行，半途而废，吾弗能已矣。

【故事】 东汉时，河南郡有个叫乐羊子的人，娶了一位勤劳贤德的女子为妻。他的妻子温柔贤惠、知书达理，总是督促丈夫学习和注重品德修养，叫他做个有抱负的人。

一天，乐羊子在路上拾到一块金子，非常高兴，兴冲冲地把它交给妻子。妻子说："我听说品德高尚的人不喝盗泉里的水，因为它的名字令人厌恶；还听说有志气的人不吃别人施舍的食物，因为不愿受到轻视。何况拾取别人遗失的东西来获利呢？这样会玷污人的品行。"乐羊子听了妻子的话，非常惭愧，就把那块金子扔到野外去了。

妻子说："官人是堂堂七尺男儿，不如趁年轻出门长长见识，学些有用的知识，将来好做大事，也不枉活一世了。"乐羊子觉得妻子说得很有道理，就带足盘缠，出门求学去了。

一年后，妻子正在织布，听到有人敲门。开门后，发现门外居然是她朝思暮想的丈夫，妻子非常高兴地迎丈夫进屋坐下。忽然，妻子想到了什么，就问他为什么回家。乐羊子说："没什么缘故，就是出门时间长了想家，回来看看。"妻子听罢，操起一把剪刀走到织布机前，咔嚓几下就把一大块布剪断了，乐羊子忙问她在做什么。

妻子幽幽地说："这机上的丝织物产自蚕茧，成于织机。一根丝一根丝地织起来才变成一寸，一寸一寸积累而今才成丈成匹。我今天将它割断了，之前的努力岂不是都白费了？官人出门学习亦是如此。如果你半途而归，岂不是和我剪布一样，之前的时间也就白白浪费掉，前功尽弃了吗？"

乐羊子被妻子的话深深感动，意识到自己错了，不由得羞愧不已。于是他再次离家求学。

整整七年后，他终于学成而返。

乐羊子之妻以她的远见和勇气帮助丈夫坚定了求学的意志，而乐羊子也终于理解了妻子的苦心，坚持完成学业才回家。

这个成语故事告诉我们，学习需要持之以恒的精神，不是一蹴而就的事，更不能半途而废，否则就前功尽弃。后来，人们就用半途而废来形容那些做事有始无终、没有毅力的人，也用来劝说那些遇到挫折就低头的朋友，不要半途而废，要不懈地努力，才能获得成功。

杯弓蛇影

【释义】 误把映入酒杯中的弓影当成蛇，比喻因疑虑不解而引起恐惧。

【出处】《风俗通义·怪神》：时北壁上有悬赤弩照于杯，形如蛇。宣畏恶之，然不敢不饮。

【故事】 东汉的时候，学者应劭的祖父应郴担任汲县的县令，他爱民如子，关心自己的下属，深受人们的拥护和爱戴。他与主簿杜宣虽然在工作上是上下级的关系，但是私交很好，是非常好的朋友。

有一年的夏天，应郴把杜宣叫来商议事情，谈完公事之后，应郴就在厅堂里摆上了酒席，二人开始开怀畅饮起来。喝得正高兴的时候，杜宣看见一条蛇在酒杯中蠕动，顿时吓得冷汗涔涔。可应郴是他的上司，又是他的好朋友，请他喝酒并无恶意，杜宣只好硬着头皮喝下去了。他越喝越难受，最后只得借故说身体不舒服告辞回家了。

到家之后，杜宣越想越害怕，总觉得有一条蛇在肚子里蠕动，随即觉得腹部疼痛异常，难以忍受。自此之后，杜宣总是觉得胸腹疼痛难耐，吃饭、喝水都非常困难，请了很多医生给他看病，但是医生们都不知病源，对他的病情束手无策。过了没多久，杜宣就瘦得皮包骨头了。

一天，应郴外出办事的时候正好路过杜宣的家，想着杜宣自从那天在自家府上饮酒之后就一直生病没有到过府衙，应该去探望一下。见到杜宣之后，应郴询问起他的病情，很是关心。杜宣本来不愿意说，但是应郴一直询问，杜宣见隐瞒不过去，只得道出了事情的原委。应郴感到很纳闷，宽慰了杜宣几句就离开了。

回到家之后，应郴仔细回忆那天饮酒的情节，怎么也弄不明白杜宣酒杯里哪来的蛇。正在他愁眉苦脸时，墙上的弓弩引起了他的注意。他马上坐在那天杜宣喝酒的位置上，又取来一杯酒，也放在当时的位置上。应彬哈哈大笑起来。实际上，杜宣看到的"蛇"是应郴家墙上悬挂的一把颜色艳丽的弓弩，弓弩的影子恰好映照在杜宣的酒杯中。随着酒的波动，弓弩的影子就像一条小蛇一样在杯子中晃动。

第二天，应郴按照上次的布置摆好了酒席，派人将杜宣接到了家中，还坐在上次喝酒的位置上。杜宣刚一落座，就见上次的小蛇还在杯中蠕动，顿时害怕起来，心想：这是要我的命啊！应郴明白杜宣的心思，叫他看墙上的弓弩，说："不要怕，你酒杯中的小蛇只是墙上的弓弩映入杯中的影子而已，没什么大不了的。"

杜宣抬头一看，果然，北墙上挂着一把弓弩，再低头看看杯中的"小蛇"，顿时明白了怎么回事。弄清事情的真相之后，杜宣疑虑立即消失了，病也很快好了。

不学无术

【释义】 原指没有学问因而没有办法，现指没有学问，没有本领。学：学识，学问。术：技术，技能。

【出处】 《汉书·霍光传》：然光不学亡术，暗于大理。

【故事】 霍光，字子孟，西汉汉武帝时期著名军事将领霍去病的异母弟弟。霍光曾经担任过西汉王朝的大司马、大将军等要职，为西汉王朝做出了很大的贡献。

霍光是霍去病在一次打败匈奴后回家探亲然后被带进京城的，当时被汉武帝封为郎中。他为人乖巧，处世小心。每次上朝前，他都站在殿门外那一小块地上，甚至每次立足的位置连一尺一寸都不超越。他跟随汉武帝二十八年，从未出过一次差错，所以深得汉武帝信任。汉武帝临死前，封霍光为大司马、大将军，把年仅八岁的幼子刘弗陵（汉昭帝）托付给霍光辅佐。汉昭帝去世后，霍光又立刘询做皇帝（汉宣帝）。就这样，霍光掌握了国家的军政重权，成为当时朝廷内外权势显赫的人物。他前后执政二十年，推行减轻民众负担的政策，有助于发展社会生产。

霍光虽然为维护刘氏王朝做出了贡献，但是他居功自傲，不明事理，独揽大权。大臣们有公事，先得请示霍光，然后才能奏明皇上。每次上朝，连皇帝都要对他恭恭敬敬。这样，许多人对霍光产生了怨恨之心。刘询继承皇位以后，霍光的妻子霍显——一个贪图富贵的女人，想把自己的小女儿霍成君嫁给刘询做皇后，但是刘询已经立许妃做了皇后。于是霍显就利用许皇后生产的机会，买通女医下毒害死了即将临产的许皇后。毒计败露以后，女医被关到了监狱里。此事霍光事先一点儿也不知道，事后霍显才告诉他。开始霍光非常惊惧，指责妻子不该办这种事情。他也想过去告发妻子，但前思后想最终不忍心妻子被治罪，就把这件伤天害理的事情隐瞒下来了。霍光死后，有人向汉宣帝告发此事，汉宣帝派人去调查处理。霍光的妻子听说了，与家人、亲信商量对策，决定召集族人策划谋反。不想走漏了风声，汉宣帝派兵将霍家包围起来，满门抄斩。正是因为霍光不明大义，不明事理，缺乏深谋远虑，所以他死后霍家才落了个如此下场。

东汉史学家班固在《汉书·霍光传》中评论霍光的功过，说他"不学亡术，暗于大理"，意思是：霍光不读书，没学识，因而不明关乎大局的道理。

不遗余力

【释义】 不留剩余力量，把全部力量都使出来。遗：留存。余：剩余。

【出处】《战国策·赵策三》：秦之攻我也，不遗余力矣，必以倦而归也。

【故事】 战国时，秦国发兵攻打赵国，战场在长平一带。赵军抵挡不住秦兵的进攻，连连溃败。赵王急忙召来大臣楼昌和虞卿，商议对策。赵王说："长平战事，我们没有胜利，而且新近又战死了一员都尉。我想再派军队去增援长平，你们的意见如何？"楼昌说："再增派军队也没用，我看不如派使者到秦国去求和。不然，秦兵将会消灭我们所有的军队。"

虞卿不赞同这样的做法，他认为不必去求和。虞卿问赵王："秦国攻打我们，是不是一定要消灭我们赵国军队呢？"赵王说："是啊！秦国不遗余力，看来是非要消灭我们的军队才甘心啊！"

虞卿说："既然如此，大王就按我的主意办吧。先派使者带着宝物去赠送给楚国和魏国。楚王和魏王要是得到了赵国的宝物，一定会高兴地接纳我们的使者。只要我们的使者进入了楚国和魏国，秦王必定会怀疑天下人要联合起来抗秦，势必会感到惶恐。那时，和谈就好进行了。"

赵王却不这样认为，最终没有按照虞卿的意见办。不久，赵王派郑朱为特使，到秦国去求和。郑朱走后，赵王又找来虞卿商议，问道："我已经派郑朱到秦国去和谈了，您觉得怎么样？"虞卿回答说："和谈一定不会成功，而且赵国的军队很可能为秦国所灭。因为郑朱是赵国的重要人物，他到了秦国，秦国一定会借机宣扬他们的胜利，各个诸侯国也一定会向秦国祝贺。而楚、魏两国肯定认为我们已经跟秦国谈和了，也就不会派兵来援助。在这种情况下向秦国求和，秦王开出的条件一定会很高，而且不会做出让步。所以，我说和谈不会成功。"

郑朱到秦国后，情况果然跟虞卿所说的一样。随后，赵国溃不成军，赵都邯郸也被秦兵包围了。后来，赵国割了六座城池给秦国作为求和的条件，秦兵才解除了对邯郸的围攻。

事后，虞卿问赵王："秦兵不围困邯郸了，您以为是秦兵疲倦了才撤退的呢，还是因我们割地才撤退的呢？"赵王说："秦国军队攻打我们是不遗余力的，我看是因为兵卒疲倦才撤退的吧。"

虞卿说："就是这样。秦军攻打自己力不能及的目标，因为疲惫不堪才会退兵；可是您又将它力所不及的东西奉送给它，这无疑是帮助敌人来攻击自己啊！如果明年秦国再来攻打我们的话。我看我们就真的无可救药了。"听到虞卿的一席话，赵王陷入了深思。

才高八斗

【释义】 形容文才很高。才：文才。

【出处】《释常谈·八斗之才》：文章多，谓之"八斗之才"。谢灵运尝曰："天下才有一石，曹子建独占八斗，我得一斗，天下共分一斗。"

【故事】 谢灵运是东晋至南朝刘宋时期著名山水诗人，是东晋名将谢玄之孙，也是见诸史册的第一位大旅行家。其创作活动大约在南朝刘宋时期，其主要成就在于山水诗。由他开始，山水诗才成为中国文学史上的一大流派。

谢灵运是个特别有才气的人，自诩甚高。他一辈子最佩服的人是曹植，并对其艺术成就顶礼膜拜。谢灵运的诗大都描写会稽、永嘉、庐山等地的山水名胜，并且长于刻画自然景物，开创了文学史上的山水诗一派。他写的诗都颇具艺术性，特别注意形式的美感，在当时的文人雅士中间造成了很大的影响，时人评价很高。他的诗篇一经传颂，大家就竞相抄录，以收藏为荣，并且流传甚广。

南朝宋文帝刘义隆很赏识他的文学才能，特地将他召回都城任职，并且把谢灵运的诗作和书法称为当朝二宝，常常要他一边侍宴，一边写诗作文，对其才华赞不绝口。

一直自命不凡的谢灵运受到南朝宋文帝的这种礼遇之后，更加狂妄自大、不可一世。他常常自恃出身高贵、才华横溢而不把那些一般的文人放在眼里。有一次，他与众人一起喝酒。酒过三巡后，谢灵运不禁心情大好起来，一边没来由地哼着小曲，一边自夸道："魏晋以来，这么多文人雅士，但是有大才华的并不多，可以令我看在眼里的也不多。如果用个比喻来形容的话，大概就是天下的文学之才统共有一石（一种容量单位，一石等于十斗），其中曹子建（即曹植）独占八斗，我得一斗，至于另外的那些人，大概也就是共分一斗吧。"

众人一听，不禁哗然：好大的口气！

谢灵运形容曹植才高八斗，可以看出，他对其敬佩之心；但是除却曹植以外，自己与天下有学之士平分其余两斗，亦可见其自信之高，将其他人的才华都不放在他眼里。如此高的自我评价，大概也就是这位出身豪门士族的谢灵运才能说得出来。

后人一般用"才高八斗"来形容有真才实学或者是学识过人之人。

草菅人命

【**释义**】 把人命当作野草，任意杀害，比喻轻视人命，滥杀无辜。菅：一种多年生野草。

【**出处**】《汉书·贾谊传》：其视杀人，若艾草菅然。

【**故事**】 贾谊是汉文帝时的一个著名文人。他自幼聪慧好学，极有才华，被汉文帝召为博士。

后来，贾谊因遭人嫉妒，被贬为长沙王太傅。由于在政治上不得志，贾谊便以屈原自喻，写下了著名的《吊屈原赋》等文章。后来，汉文帝把贾谊召回宫中，要他担任梁怀王刘揖的太傅。梁怀王是汉文帝最宠爱的儿子，汉文帝指望他将来能继承皇位，所以要他多读些书，希望贾谊好好教导他。贾谊就此发了一通议论："辅导皇子，教他读书固然重要，但更重要的是教他怎样做一个正直的人。像秦朝末年赵高教导秦二世胡亥那样，传授给胡亥的是如何施行严刑酷狱，让胡亥学的不是杀头割鼻子，就是满门抄斩，结果等到胡亥一当上皇帝就乱杀人，看待杀人就好像看待割茅草一样，完全把人命不当回事。这难道是胡亥的本性生来就坏吗？他之所以这样，是教导他的人没有引导他走上正道，这才是根本原因所在。"后来，贾谊悉心辅导梁怀王。可是梁怀王不慎骑马摔死，贾谊自认没有尽到太傅的责任，因此终日郁郁不乐，常常哭泣，一年多后就死了，终年三十三岁。

然而，贾谊这段精彩的论述就此流传。"草菅人命"作为一个成语，也被用来形容坏人的凶残狠毒。

差强人意

【释义】 大体上能使人满意。差：稍微，比较，尚，略。强：振奋。

【出处】《后汉书·吴汉传》：帝时遣人观大司马何为，还言方修战攻之具，乃叹曰："吴公差强人意，隐若一敌国矣。"

【故事】 吴汉，字子颜，东汉初南阳宛县（今河南省南阳）人，是东汉中兴名将，云台二十八将位居第二。王莽，汉元帝皇后王政君的侄子，他毒杀了汉平帝，后来接受孺子婴禅让自己称帝，改国号为新。王莽为了给自己笼络人才，就开设武科场，通过比武，得到了一些优秀的武将。吴汉就是其中的一位。

吴汉的父亲以前是汉朝的大臣，曾经和刘秀联手刺杀王莽，可没有成功就被杀害了。但是王莽并不知道吴汉的父亲刺杀过自己，他发现吴汉智勇双全，于是让吴汉做了高官，还把自己的女儿王兰英嫁给他。后来吴汉在潼关活捉了刘秀，要是把刘秀交给王莽，吴汉就立了大功。吴汉和他母亲提起活捉了刘秀的事，当他母亲知道刘秀就是刘邦的后代，并且要起兵攻打王莽后，就告诉吴汉当年他父亲是如何遇害的，然后命令吴汉杀了王莽的女儿王兰英，不要再跟随王莽，要他跟刘秀一起造反，推翻王莽的统治。

吴汉就按照母亲的话杀了王兰英，然后投奔刘秀。在征伐王莽的过程中，有一次他立了大功，被封为大司马。刘秀北征中，吴汉率领的五千精锐骑兵为先锋，英勇作战，屡次率先登上攻打的城池，立下了不少战功。刘秀与王莽经过昆阳大战后，王莽的主力被消灭。这消息一传出，立即鼓舞了各地百姓，大家都起来加入刘秀的队伍。还有些人杀了当地的官员，自称将军，等待刘秀的命令。不久刘秀攻进长安城，得到城里百姓的热烈欢迎。刘秀即位后，封吴汉为广平侯。

吴汉是一位非常忠诚的将军，每次随刘秀征战，刘秀不休息，吴汉就在旁边站着也不休息。有一次，刘秀吃了败仗，很是郁闷，心里烦躁不安。他手下的许多将领也因为这次败仗惊慌失措，垂头丧气，不知如何是好，平日里的英雄气概也都没有了。此时吴汉不但没有气馁、不安，反而相当冷静，他在兵营里面和士兵们一起磨砺武器，一边磨一边还给士兵们鼓气，准备下一次的战斗。这充分体现了吴汉的沉稳有力、与众不同。

刘秀知道此事后，称赞吴汉说："吴将军的所作所为还算是叫人满意呀！"

差之毫厘，谬以千里

【释义】 比喻因为开始时微小的失误，导致后来巨大的差错或损失。

【出处】《礼记·经解》载《易》曰："君子慎始，差若毫厘，谬以千里。"

【故事】 赵充国是西汉著名的将领，能骑善射、骁勇多谋，在当时的屯田政策上做出了卓越贡献。有一年，天下太平，风调雨顺，西汉的粮食获得了大丰收，市面上谷子的价钱非常便宜。赵充国发现这个好兆头，就建议皇帝收购三百万石谷子存起来，以备以后不时之需。另外，当时边境上的一些人正在图谋叛变，如果这些人看到军队的粮食如此充裕，也就不敢叛变了。

但是，好的建议并不一定被采纳。当时的大司农中丞耿寿昌就说："国中年年都有余粮，屯粮过多，国库的粮食容易放坏或生虫，不如只购买一百万石吧。"皇帝觉得大司农中丞说得有理，就批示购买四十万石。然而四十万石粮食刚到国库没多久，就被光禄大夫义渠安国耗费了二十万石。

正因为收购的军粮一扣再扣，结果西汉国库只有二十万石粮食，叛军听说后，气焰更加嚣张，立刻发生了叛变。赵充国知道这些事后深深地叹了口气说："真是差以毫厘，谬以千里啊！"皇帝渐渐知道赵充国的深谋远虑，后来就接受了赵充国的撤兵、屯田的提议，而赵充国也很快招抚了叛军，平定了叛乱。

后来，人们就用"差之毫厘，谬以千里"来提醒大家做什么事都要防微杜渐，避免因为小的失误而招致大的失败。

沉鱼落雁，闭月羞花

【释义】 形容女子的相貌极美。

【出处】 ①《庄子·齐物论》：毛嫱、丽姬，人之所美也；鱼见之深入，鸟见之高飞，麋鹿见之决骤，四者孰知天下之正色哉？

②《误入桃源》第四折：引动这撩云拨雨心，想起那闭月羞花貌，撇的似绕朱门燕子寻巢。

【故事】

沉鱼的来源：越国美女西施容貌清丽，身材纤瘦，举止优雅。在河边浣纱时，清澈的河水映照着她俊俏的身影，使她显得更加美丽。这时，鱼儿看见她的倒影，忘记了游水，渐渐地沉到河底。从此，西施这个"沉鱼"的美称在附近流传开来。西施因为美貌过人，被越王勾践送给吴王夫差，以迷惑和麻痹夫差，从而给勾践卧薪尝胆的复仇计划赢得时间。

落雁的来源：汉元帝在位期间，汉朝的属国匈奴不断南下骚扰当时汉朝的边境。为了安抚匈奴，汉元帝选王昭君嫁给匈奴的首领，以保边境安宁。昭君在去往匈奴的路上，悲切之感令她心绪难平，于是她拨动琴弦，奏起悲壮的离别之曲。南飞的大雁听到这悦耳而又感人的琴声，都从高空中落下，低飞围绕着骑在马上的这个美貌绝伦的女子，竟忘记摆动翅膀，跌落地下。从此，王昭君就得到"落雁"的美称。

闭月的来源：三国时汉献帝的大臣司徒王允的歌姬貂蝉在后花园借月光起舞时，忽然轻风吹来，浮云将那皎洁的明月遮住了。这情景正好被王允看见了，逢人就说，他的义女貂蝉和月亮比美，月亮比不过赶紧躲在云彩后面。因此，貂蝉也就被人们称为"闭月"了。

羞花的来源：杨玉环被送入皇宫后，人生地不熟，她感到非常无聊。一天，她到花园赏花散心时，看见满园盛开的牡丹、月季，想到自己整日被关在深宫内，虚度青春，就叹息地对花儿说："花呀，花呀！你年年岁岁都有盛开的时候，可我常年在这深宫之内，什么时候才有出头之日呢？"杨玉环声泪俱下，边流泪边去轻抚花儿，谁知她刚一伸手，花瓣立即收缩，绿叶也卷起垂下。原来她摸的是含羞草。这情景被一宫娥看见，于是到处宣称：杨玉环和花儿比美，花儿都含羞低下了头。于是，杨玉环就得了个"羞花"的称号。"一骑红尘妃子笑，无人知是荔枝来。"杜牧的《过华清宫》让人看到了唐玄宗多么宠爱这个以丰腴貌美闻名的杨贵妃。但自古红颜多薄命，由于安史之乱，杨玉环被逼自尽，香消玉殒。

现在，人们如果夸奖女子美丽漂亮，常用"沉鱼落雁，闭月羞花"来形容。

成也萧何，败也萧何

【释义】 比喻事情的成功和失败都是由这一个人造成的。

【出处】《容斋续笔·萧何绐韩信》：信之为大将军，实萧何所荐，今其死也，又出其谋。

【故事】 韩信最初加入项梁的反秦义军时，只被授予很低的官职。他屡次给项羽献计，都没被采纳。韩信自尊心受打击，后来就投奔了刘邦。到了汉营，韩信的地位也没有太大提高，仅仅当了连敖这种有职无权的小官。直到后来韩信当上管理粮草的军官时，被总后勤官萧何慧眼发现。萧何非常赏识韩信的才能，就极力向汉王刘邦推荐韩信。

数月之后，韩信得知萧何已经在汉王面前多次保荐过他了，可是汉王一直不肯重用他，于是决定离开汉营。萧何听说韩信离开了，来不及向刘邦讲清楚理由，就径自去追赶。于是就有了萧何月下追韩信的故事。此事让韩信一直感恩在心，为他之后深信萧何，结果被萧何所害埋下了伏笔。

由于萧何的大力推荐，刘邦终于看在萧何的面子上，让韩信做了大将。虽然当时汉军中的很多部将不服，但后来韩信牛刀小试，用明修栈道、暗度陈仓的作战方案帮刘邦取下汉中，让刘邦和汉军部将很是佩服。韩信逐渐赢得了刘邦的信任，辅佐刘邦取得楚汉之争的最终胜利。

韩信在汉朝的建立中立下了汗马功劳，被刘邦封为楚王。刘邦晚年时，生怕功劳最大、威望最高的韩信会功高盖主，对刘氏子孙不利，就把他降为淮阴侯。被削去王位的韩信自然不服，就和陈豨相约：陈豨在北方举事，韩信在长安响应。

汉高帝十一年（公元前196年），陈豨谋反，刘邦亲自率众去讨伐陈豨。这时，韩信的一个门客告发韩信与陈豨通谋，要趁刘邦不在军中，赦放那些关在官府中的囚徒和官奴，袭击吕后和太子。吕后马上和萧何商议，由萧何出面对韩信说，陈豨已被击败，让韩信立即入朝相贺。萧何是韩信的伯乐，因此韩信没有一丝怀疑便入了宫。他一踏入宫门，吕后就直接命令武士把韩信捆绑起来，不经审讯就斩首了。

韩信受萧何推荐而拜为大将，受到汉王刘邦的赏识，成为千古名将，又因萧何的设计而掉了脑袋，所以民间有"成也萧何，败也萧何"的说法。其实归根结底，还是韩信自身的野心让他走向败亡，只不过他一生的辉煌和败亡都和萧何有直接关系，所以人们就常说"成也萧何，败也萧何"。今天，这个成语用来形容某件事的成功和失败都因一个人引起。

程门立雪

【释义】 冒着大雪在程颐门前站着以求教，后用来表示尊敬师长。

【出处】《二程全书·外书十二》：（杨时）见程颐于洛，时盖年四十矣。一日见颐，颐偶瞑坐，时与游酢侍立不去。颐既觉，则门外雪深一尺矣。

【故事】 中国历来是一个尊师重道的文明古国，在中华五千年的历史长河中，有很多尊敬师长的动人事迹，程门立雪的故事就是其中之一。程门立雪说的是宋朝学者杨时和游酢向二程拜师求教的故事。二程指的是程颢、程颐兄弟，他们同为北宋著名哲学家、教育家。二程学说后来被朱熹继承和发展，形成程朱理学。

杨时和游酢两人是好朋友，对学术研究都非常感兴趣。听说程颢、程颐两位兄弟的二程学说在当时享有盛名，两人就去伊皋书院登门拜见程颐。当时正值寒冬腊月，为了表示对老师的敬意，杨时、游酢冒着严寒，一大早就来到伊皋书院。两个人到达伊皋书院的程颐住处时，书童告诉他们：时间还早，程颐正在睡觉。杨、游二人听到后，生怕打扰先生休息，就恭恭敬敬地站在门外等候程颐醒来。

过了好长时间，程颐才睡醒。正在喝茶时，听说杨、游二人正在门外候着，他连忙吩咐书童将他们请进来。书童出门一看，不知什么时候，天空已经飘起了大雪，地上的积雪已经深到没过小腿了，杨时和游酢却在檐下静立如初，没有发出一点儿声音。

其实，当年杨时已经四十八岁了，不仅拥有进士身份，还有相当高的学问，在当时也有一定的名望，甚至可以说是功成名就了。游酢也是当时小有成就的学者。所以，一得知二人求见，程颐赶紧请他们进来。如此有学识和名望的人，还如此谦虚谨慎、尊敬师长，居然在大雪里等一个只比自己大两岁（程颐当年五十岁）的人睡醒以拜师求道，这令程颐非常感动，立刻将他们视为得意门生，悉心传授。

精诚所至，金石为开。在程颐的耐心教导下，杨、游二人果然不负所望，刻苦钻研二程学说，终有所成，各自成为一代理学大师。而二人雪中求学的故事也被后人概括为程门立雪，用来教育人们要尊师重道。

尺有所短，寸有所长

【释义】 比喻各有长处，也各有短处，彼此都有可取之处。

【出处】 《楚辞·卜居》：夫尺有所短，寸有所长，物有所不足，智有所不明，数有所不逮，神有所不通。

【故事】 森林里，一只小羊和一只长颈鹿相遇了，它们结伴而行，在森林里散步。长颈鹿肚子饿了，抬头吃起了树上的树叶，吃得很开心。小羊见了十分眼红，但树那么高，它又没有长颈鹿的长脖子，怎么跳都够不着。长颈鹿得意地望着矮小的小羊说："知道高个子的优势了吧！"

过了一会儿，它们继续前进，发现了一个栏圈里有许多又鲜又嫩的小草。小羊很高兴，很快从木栏下面钻过去，去吃鲜美的小草了。但是长颈鹿个子太高、脖子太长，无法钻进去吃草，只好眼巴巴地看着小羊钻进去美美地吃了一顿。小羊笑眯眯地转过头说："知道矮个子的优势了吧！"

　　"尺有所短，寸有所长"这个成语告诉我们，任何人都不会是十全十美的，每个人都有自己的短处，也有自己的长处。所以我们不要看到不如自己的人就骄傲，遇到强过自己的人就自卑。正确的方法是发现并学习别人的长处，而不是发现他人的短处并去嘲笑、讽刺。

从善如流

【释义】 听从高明正确的意见和建议就像水从高处流下来一样顺畅，形容乐于接受别人提出的正确意见。

【出处】《左传·成公八年》：从善如流，宜哉。

【故事】 春秋时期，有许多诸侯国，它们名义上听从周国的号令，实际上却是一些大的诸侯国在控制着小的诸侯国。郑国是个小国，夹在楚、晋两个大国之间。郑悼公时，郑国同北方以晋国为首的其他各国签订了盟约。结盟的第二年，南方的楚国就来攻伐郑国。晋国便派栾书为元帅，率领大军，前去援助郑国，两军在绕角（今河南省鲁山县东南）遭遇。楚军不敢同晋军对敌，便撤退而回。但晋军并不撤走，准备趁机侵入楚国的蔡地（今河南省上蔡县）。楚国得知了这个消息，立刻调动申、息二地的精锐部队，准备迎击晋军。

这时，晋将赵同、赵括仗着兵力优势，欲挥军南下，占领蔡地，因此催请栾书赶快下令进攻。就在栾书准备下达命令表示同意的时候，中军佐知庄子、上军佐范文子和中军将韩献子三人却提出了不同意见。他们一致认为："我们当初出兵是为了援救郑国，反对侵略，是正义之师。现在进犯的楚军既已撤退，我们却借此攻蔡，这样我们就要承担不义的罪名。而且，楚国现在派来了两支精锐部队，我们这一仗也不一定能打胜。更何况，不管打胜还是打败都对我们晋国不利。若打赢了这一仗，别人会说以晋国的大军，去打楚国两个小地方的部队，不是白白浪费人力吗？如果失败了，晋国便会名誉扫地，还有何面目去见晋王和晋国的百姓？所以和楚国的这一仗不能打。"栾书仔细考虑了他们三人的意见，觉得他们讲得很有道理，便决定停止攻蔡，撤军回晋。

过了两年，晋国又派栾书领兵去攻打楚国，这一次晋军大获全胜，还抓获了楚国的大夫申骊。栾书本打算继续进攻楚国本土，知庄子、范文子等人劝告他先进攻沈国再说。栾书分析了具体情况后认为有道理，便改变了作战计划。随后，晋军进攻沈国，俘获了沈国的国君揖。因为这次晋军准备充分，楚国对晋军也无可奈何。人们认为，晋军这次能取得这么大的胜利，就是因为栾书听从了知庄子、范文子和韩献子等人的良言。

其实在晋军第一次准备南侵攻蔡的时候，绝大多数将士都表示同意，而栾书却听从了少数人的意见。有个将士就问栾书："圣人都听从多数人的意见，所以能成大事。现在我们六军将佐十二人，除元帅以外的十一人中，只有三人不主张攻蔡。您为什么不听从多数而听从少数人的意见呢？"

栾书说："他们三人的意见是正确的。既然是正确的意见就应该听从，而不是依据人数的多少。不正是因为我听从了他们的意见，我们才能大获全胜吗？"

当局者迷，旁观者清

【释义】 当事人被碰到的事情搞糊涂了，旁观的人却看得很清楚。当局者：下棋的人。旁观者：看棋的人。

【出处】《旧唐书·元行冲传》：当局称迷，傍（旁）观见审。

【故事】 魏征不仅是唐朝有名的谏臣，还根据前人的经验和自己的见解，整理修订了《礼记》。魏征注释的《礼记》在当时备受推崇，于是唐玄宗打算把魏征整理修订的《礼记》列为经书，也就是作为儒家的经典著作。唐玄宗还命当时著名的学者元澹仔细校阅一下魏征修订的《礼记》版本。

不料，右丞相张说却说现在流传的《礼记》，是西汉戴圣编纂的本子，已经流传近千年了，而且就算有错，东汉的郑玄也已加了注解，已经成为经书，无需再改了。唐玄宗听了，觉得也有道理，就有点犹豫不决。这时，仔细看过不同版本《礼记》的元澹表示：

"应该换魏征版的《礼记》。"为此，元澹写了一篇题为《释疑》的文章表明自己的观点。

《释疑》采用主客对话的形式写成。先是客人问："《礼记》这部经典著作，是戴圣编纂、郑玄加注的版本好？还是魏征修订的版本好？"主人回答："戴圣编纂的版本，从西汉起到现在经过了许多人的修订、注解，互相矛盾之处很多，魏征正是考虑到这些因素而重新整理，没想到会受到墨守成规的人反对！"客人听后点点头，说："是啊，就像下棋一样，下的人反倒糊涂，旁观者却看得很清楚。"

"当局者迷，旁观者清"的本意是说下棋的人被纷乱的棋局搞糊涂，旁边观棋的人心里很清楚；现在引申为当事人被碰到的事情搞糊涂了，旁观的人却看得很清楚。

倒屣相迎

【释义】 因急于迎接客人，把鞋子穿倒了，形容待客热情。
屣：鞋。

【出处】《三国志·魏志·王粲传》：粲徙长安，左中郎将蔡
邕见而奇之。时邕才学显著，贵重朝廷，常车骑填巷，宾客盈坐。
闻粲在门，倒屣迎之。粲至，年既幼弱，容状短小，一坐尽惊。邕曰：
"此王公孙也，有异才，吾不如也。吾家书籍文章尽当与之。"

【故事】 蔡邕是汉朝著名的文学家、大学者，对文史、音乐、
天文都很精通，可谓学识渊博，声名远扬。蔡邕恃才但不傲物，和
人交往从不摆架子，特别喜爱结交有真才实学的人，对他们的到来
十分欢迎。

一天中午，蔡邕正在房中休息，仆人向蔡邕报告说，门外来了
一位自称王粲的客人，问主公要不要见。蔡邕一听是王粲，急忙跳
下床来，穿上鞋子就往门外跑。由于太着急，他把右脚的鞋子穿到

了左脚上，把左脚的鞋子穿到了右脚上。尽管倒穿着鞋子，他却飞奔而去，亲自打开了大门。

大门打开后，站在门外的王粲一看闻名天下的蔡先生竟然倒穿着鞋子，不禁抿着嘴笑了起来。仆人本来想去开门，但蔡邕跑得太快，仆人只好一溜小跑地跟在后面。当仆人看到王粲，不禁惊呆了：王粲竟是一个瘦小的少年！蔡邕这样德高望重的学者却对一个毛头小子如此尊重，难道不怕失了身份吗？

蔡邕看出了仆人的疑惑，一边笑着把王粲迎进来，一边介绍说："王粲可不是一般人啊，他才华出众、见解精辟，我蔡邕都不如他。府上的全部书籍和文章都应该赠送给他。"王粲笑着回复："承让承让，感谢主人倒屣相迎啊！"二人相视一笑，共同走进大厅。

王粲的确不是一般的人物，值得蔡邕倒屣相迎。王粲出身名门，曾祖父王龚、祖父王畅都曾位列三公；父亲王谦为大将军何进的长史；他自己是当时名满天下的建安七子之一，年少成名，写下了《登楼赋》和《七哀诗》这样千古传诵的名篇。

王粲记忆超群，过目不忘。有一次，他与朋友在游玩时，见路旁有座石碑，两个人站在那里把碑文看了一遍。没想到王粲竟然转过身去，一字不差地背了下来。还有一次，王粲看别人下棋，忽然棋盘上的棋子不小心被人碰乱了，无法再下。正当下棋的人相互埋怨时，王粲不声不响地上前去将棋子摆好，结果与散乱之前一模一样，围观的人都佩服得不得了。

如此才华出众、智力超群的青年才俊，也难怪连蔡邕这么有名的学者都那样敬重他。要知道，在古代，人与人之间的身份、地位、尊卑是分得非常清楚的。蔡邕能够放下大学者的身份，唯才是重，对年轻的王粲倒屣相迎，不能不令人敬佩。

东山再起

【释义】 原指隐退后复出任职，比喻失败后再次得势。

【出处】《晋书·谢安传》：隐居会稽东山，年逾四十复出为征西大将军桓温的司马，后担任过侍中、吏部尚书、中护军等要职，晋室赖以转危为安。

【故事】 东晋时，在陈郡阳夏（今河南省太康）有一个名叫谢安的人，他出身士族，少年时代聪明过人，不仅学识出众，而且擅长书法，写得一手好字。

谢安年轻时不愿意做官，但是有一位爱才之人极力举荐他，他只好勉强接受了著作郎的职务，不久便以有病为理由辞官回家了，隐居在浙江会稽的东山。谢安与当时的书法家王羲之、文学家许询等人都是好友，他们经常在一起游山玩水，作诗吟唱，好不自在。谢安在士大夫中名望很高，当时流传着这样的话："谢安不出来做官，叫老百姓怎么办？"朝廷早已知道他学识渊博、见解独到，是治国安邦之才，屡次招他为官，但都被他婉言谢绝了。

后来，晋明帝司马绍的女婿、征西大将军桓温一定要重用他，请他出任司马一职。谢安见实在是不便再推辞，只好答应，这时谢安已经四十多岁了。

在谢安将要上任的那天，当地的官员们都前来送行。其中有位叫高崧的中丞同他开玩笑说："您过去隐居在东山，屡次违背朝廷的旨意不肯出来做官，想不到今天您终于出来了！"谢安听了这话，觉得十分羞愧，感到自己辜负了朝廷的信任。于是他暗下决心，要把自己的才华充分展现出来，为朝廷多做些事情。

谢安到了桓温的府邸，桓温十分高兴，两个人交谈了一整天，言语间甚是投机。后来，谢安官至宰相。桓温死后，他接替桓温掌握了东晋的军政大权。

公元 383 年，前秦皇帝苻坚亲率大军进攻东晋。一个月后，前秦军队的主力到达项城（今河南省商丘），益州的水军也沿江顺流东下，黄河北边来的人马也到了彭城（今江苏省徐州），从东到西的战线上，前秦的水陆两军同时向江南逼近。这个消息传到了东晋的都城建康（今江苏省南京市），晋孝武帝和都城内的文武官员都很慌乱。谢安审时度势，决定自己坐镇建康，派弟弟谢石任前锋都督，带领八万军队前往江北抗击前秦兵马，又派将军胡彬带领水军五千人到寿阳（今安徽省寿阳）去配合作战。

当时前秦的兵力比东晋要多出十几倍，东晋将领心里都很紧张，生怕会战败。但谢安却气定神闲，丝毫没有惧怕的神色。因为他镇定自若，指挥得当，最后晋军以少胜多，赢得了著名的淝水之战。

后来，人们就用"东山再起"来形容一个人失败后重新获得成功。

东施效颦

【释义】 原比喻不根据具体条件，盲目模仿别人，结果适得其反，现泛指模仿者的愚蠢可笑。

【出处】《庄子·天运》：故西施病心而颦其里，其里之丑人见而美之，归亦捧心而颦其里。其里之富人见之，坚闭门而不出；贫人见之，挈妻子而去走。彼知颦美而不知颦之所以美。

【故事】 西施是春秋时期越国人，中国历史上的四大美女之一。据说鱼儿见了她的倒影竟忘了游水，渐渐沉到河底，所以人称西施为"沉鱼"。西施的一举一动都十分吸引人，只可惜她的身体不好，有心痛的毛病。有一次，西施在河边洗完衣服在回家的路上突然觉得胸口疼痛，就停下来，一手扶着树，一手轻抚胸口，皱着眉头。虽然她自己感觉非常难受，但是村民们看到她的神情举止却说她这样比平时更美丽。

同村有个女子叫东施，长得很丑，经常被人嘲笑。那天东施听到村里的人都夸赞西施用手抚着胸口的样子很美，她就忍不住悄悄模仿。在人多的时候，她学着西施的样子，用手抚着胸口，皱着眉头，在众人面前来回走动，希望大家可以称赞她。然而，本来就长得很丑的东施，刻意地模仿美女西施蹙眉的样子，不但很难看，而且更加让人厌恶。人们看到她，要么赶紧关上大门，要么立刻拉着妻子或孩子走开，比以前更加瞧不起东施了。

"东施效颦"原意是指长相很丑的人模仿某人的动作，反而更加让人觉得丑陋。现在泛指那些刻意模仿他人但是效果很差的人，比喻他们的行为愚蠢可笑。

对牛弹琴

【释义】 笨拙的老黄牛听不懂高雅的音乐，比喻对蠢人讲高深的道理，也用来讥笑人讲话不看对象。

【出处】《理惑论》：昔公明仪为牛弹清角之操，伏食如故，非牛不闻，不合其耳矣。转为蚊虻之声，孤犊之鸣，即掉尾奋耳，蹀躞而听。

【故事】 古代有一个叫公明仪的音乐家，精通作曲和演奏，尤其擅长弹琴。不仅人人称赞他琴声优美，就连鸟儿和蝴蝶听到他的琴声都翩翩起舞，可见其琴艺之高。

一天，天气晴朗，公明仪带着心爱的琴到郊外弹奏。春风徐徐地吹着，垂柳轻轻地摆动着，一头老黄牛正在草地上低头吃草。此情此景立刻让公明仪来了兴致，他摆好琴，拨动琴弦，为老黄牛弹起了高雅的清角古曲。这支曲子都要弹完了，老黄牛却像什么也没听到，仍然一个劲地低头吃草。

公明仪想：可能这支曲子太高雅了，老黄牛喜欢粗放一点儿的曲调。于是他换了一支高亢的曲子来弹奏。但是，老黄牛仍然毫无反应，继续悠闲地吃草。公明仪急了，就拿出自己全部的看家本领，弹奏一支又一支拿手的曲子，但老黄牛充耳未闻，继续闷头吃草。

公明仪很是丧气，郁闷地把手搁在琴上，无聊地用琴模仿"哞哞"之声，老黄牛忽然竖起耳朵，抬头望向公明仪。公明仪哑然失笑："原来牛爱听这类似小牛犊叫唤的声音。"

多行不义必自毙

【释义】 不合道义的事情做多了，必然会自取灭亡。

【出处】《左传·隐公元年》：多行不义必自毙，子姑待之。

【故事】 春秋时期，郑国的国君郑武公有两个儿子，长子是寤生（即后来的郑庄公），幼子为共叔段。郑武公死后，大儿子寤生继位成为郑庄公。因为郑庄公出生时母亲武姜难产，所以武姜不喜欢他，而宠爱他的弟弟共叔段。

于是，在母亲武姜的支持下，共叔段的势力不断扩大，将郑国的西北部边境都划归到他的手中，直至廪延（今河南省延津县北）。同时，他还不停地修筑城池、屯田积兵，并让其母亲武姜做内应，打算攻下郑国的都城，夺取王位。

共叔段的不义举动引起了大臣和百姓议论纷纷。大夫祭仲就说："国君您要及早做好防备啊，共叔段的势力已经很强大了，再这样下去，您的王位会被他篡取的！"

郑庄公听了却说："多行不义必自毙，子姑待之。"意思是一个人若不义的事情做多了，必定会自取灭亡，你就等着吧！

郑庄公一次次的退让，更加促使共叔段篡国称王的野心不断膨胀。最终共叔段决定起兵谋反。但是郑庄公早有防备，趁共叔段进军郑都时，出奇兵攻其巢穴。长久受共叔段压迫的农民们也参加了战斗。共叔段兵败逃亡他国，而支持小儿子谋反的武姜也被郑庄公软禁起来。

后来，人们就用"多行不义必自毙"来形容那些坏事做多了的人，必然会自食恶果或自取灭亡。

恶贯满盈

【释义】 罪恶之多，犹如穿钱一般已穿满一根绳子，形容罪大恶极，到受惩罚的时候了。贯：穿钱的绳子。盈：满。

【出处】《尚书·泰誓》：商罪贯盈，天命诛之。

【故事】 商朝末年，商纣王暴虐无道，激起老百姓极大的愤慨，就连诸侯心里也非常不满，认为商纣王不配做治国之君。

当时诸侯之一的姬昌（周文王），主张实施仁政，反对商纣王的暴政，商纣王便把他抓了起来。后来姬昌的儿子姬发（周武王）即位。周武王联合诸侯起兵讨伐商纣王。

周武王的大军渡过黄河，向商都进发，在牧野与商纣王的军队交战。由于周武王的军队是仁义之师，深得老百姓的欢迎，所以获得了极大的支持。因此商纣王被打败，最终自焚而死，商朝也灭亡了。

周武王姬发领兵进攻商纣王之前，曾对全军发表誓言，这个誓言被称为《泰誓》。《泰誓》列举了商纣王的种种罪行，号召大家齐心协力，为民除害。其中说道："商罪贯盈，天命诛之。"意思就是：商纣王作恶多端，就像穿钱的绳子一样，其罪恶已到头了。

尔虞我诈

【释义】 比喻互相欺骗，互不信任。尔：你。虞：防备。诈：欺骗。

【出处】《左传·宣公十五年》：我无尔诈，尔无我虞。

【故事】 春秋中期，楚国在中原称霸，楚庄王根本不把邻近的小国放在眼里，认为只有楚国是了不起的。

楚庄王派大夫申舟出使齐国，让他经过宋国的时候不必向其借路。申舟认为那样会触怒宋国，说不定他就会被处死。但固执的楚庄王却坚持要他这样做，并向他许诺：如果申舟被宋国处死，楚庄王将出兵讨伐宋国，为申舟报仇。申舟没办法再拒绝了，只好将儿子申犀托付给楚庄王，然后出发了。

正如申舟所预料的，他经过宋国时因没有借路而被抓。宋国的大夫华元了解情况后，对楚庄王的无礼非常生气，他对宋文公说："经过我们宋国而不通知我们，这是把宋国当作属国看，被当作属国就等于亡国。杀掉楚国使者，楚国来讨伐我们，也只不过是亡国。反正都是如此，倒不如把楚使处死！"宋文公同意华元的看法，下令处死申舟。

消息传到楚国，楚庄王气得火冒三丈，立即下令讨伐宋国。宋国虽然是个小国，但是要很快攻占它也很难。从公元前595年秋出兵，一直围攻宋国到次年夏天，楚国还是没有把宋国的都城攻打下来。楚军锐气大挫，楚庄王决定退兵回国。

申舟的儿子申犀在楚庄王马前叩头说："我父亲当时明知要死，也不敢违抗您的命令。现在，您要违背从前说的话吗？"楚庄王听了，无言以对。这时，为楚庄王驾车的大夫申叔时献计道："您可以在这里让士兵盖房舍、种田，装作要长期驻扎。这样，宋国就会因害怕而投降。"

楚庄王采纳了申叔时的计策并加以实施，宋国人见此果然害怕了。然而华元鼓励守城的军民就算战死、饿死，也决不屈膝投降。

一天深夜，华元混进楚军营地，潜入楚军主帅子反的营帐里，把他叫起来说："我们国君叫我把宋国现在的状况告诉您：粮食已吃光，大家在交换死去的孩子当粮吃；柴草也已烧光了，大家用拆散的尸骨当柴烧。虽然如此，我们不会同意订立丧权辱国的城下之盟，因为那样我们的国家就会灭亡，这是我们不能接受的。不过如果你们能退兵三十里，您怎么吩咐，我就怎么办！"子反听了这番话，当场和华元私下做了约定，然后禀告楚庄王。楚庄王本来就想撤军，听了这件事情自然表示同意。

第二天，楚庄王下令楚军退兵三十里。于是，宋国派华元到楚营中订立了盟约，并让华元作为人质到楚国去。盟约上写着："我无尔诈，尔无我虞！"意思就是：我不欺骗你，你也不必防备我。

防微杜渐

【释义】 在坏思想、坏事或错误刚冒头时，就加以防止、杜绝，不让其发展下去。防：防止。微：微小，指事物的苗头。杜：杜绝，堵塞。渐：事物的开端。

【出处】《后汉书·丁鸿传》：若敕政责躬，杜渐防萌，则凶妖销灭，害除福凑矣。

【故事】 东汉和帝即位后，窦太后专权，窦太后的哥哥窦宪官居大将军，掌握着国家的军政大权，窦家的许多人都在朝中为官。

许多忠心的大臣都为汉室江山捏了一把汗，大臣丁鸿就是其中的一个。丁鸿很有学问，对经书极有研究，他对窦太后的专权感到十分气愤，决心为国除掉这一祸根。几年后的一天，发生了日食现象，丁鸿就借这个当时被人们认为不祥的征兆，上书皇帝，指出窦家权势对国家的危害，建议迅速改变朝政。丁鸿在给汉和帝上书时说：皇帝如果亲手整顿政治，就应在事情开始萌芽的时候注意防止，这样才可以消除隐患，使得国家能够长治久安。汉和帝早已有这种打算，于是迅速撤了窦宪的官职，窦宪和他的兄弟们为此而自杀。

分道扬镳

【释义】 驱马向前，分路而行，比喻志向、目标不同，各走各的路或各干各的事。道：道路。镳：马嚼子。

【出处】《魏书》卷十四河间公拓跋齐传：洛阳我之丰沛，自应分路扬镳。自今以后，可分路而行。

【故事】 南北朝时期，北魏有一个名叫元齐的人，非常有才能，屡建功勋，很受皇帝重用，被封为河间公。虎父无犬子，元齐的儿子元志聪慧过人、满腹经纶，大有青出于蓝而胜于蓝的趋势，孝文帝很赏识他，就任命其为洛阳令。

北魏政权巩固后，御史中尉李彪建议孝文帝将国都从山西平城（今山西省大同市东）搬迁到洛阳，这样就可解决平城粮食供给不足的问题，还可加强鲜卑族与汉族的文化交流。洛阳是古代帝王理想的建都立业之所，也是汉文化积淀深厚之地。雄才大略的孝文帝欣然采纳了李彪的建议，迁都洛阳，而洛阳令元志也成了京兆尹。

在洛阳，元志这个父母官既受到百姓的敬仰，又受到皇帝的赏识，颇有点恃才傲物，看不起一些学问不高的达官贵族。一次，元志出外游玩，正巧李彪的马车从对面飞快地驶来。按当时的礼仪来讲，元志官职比李彪小，理应给李彪让路，但元志一向看不起没什么学识的李彪，偏不让路。李彪见一个小小的京兆尹居然不给御史大人让路，就生气地责问元志："我是御史中尉，官职比你大多了，你为什么不给我让路？"元志并不买李彪的账，昂首挺胸地回复道："我是洛阳的地方官，你不过是一个洛阳的住户而已，哪里有地方官给住户让路的道理呢？"

二人互不相让，争吵了起来。最后，互不服输的二人来到孝文帝那里评理。李彪说："我是御史中尉，洛阳的一个小小的地方官怎敢同我对峙，居然不肯让道。"元志则说："我不是一个普通的地方官，而是国都所在地的第一长官，住在洛阳的每一个人都编在我主管的户籍里。我怎么能给一个在我管辖之内的住户让道呢？"

听了两人陈述的理由，孝文帝觉得他们各有各的道理。爱才的孝文帝不忍训斥他们中的任何一个，就笑着说："我觉得两位说得都很有道理。洛阳是我国的首都，道路十分宽广。我看不如这样，你们从今天可以分开走，各走各的，不就行了吗？"

"分道扬镳"的本意是孝文帝为了劝同朝的两位臣子各走各路，不要强迫对方让路。这个成语沿用到今天，其意思变成：两个本来是合作关系的人，由于志向、目标等各种原因，骤然分开，各走各的路，各干各的事情。

风声鹤唳，草木皆兵

【释义】 形容人在十分惊恐之时，稍微有些风吹草动，就认为那些草是兵，便紧张害怕得要命，常形容失败者的恐惧心理。

【出处】 ①《晋书·谢玄传》：闻风声鹤唳，皆以为王师已至。

②《晋书·苻坚载记》：坚与苻融登城而望王师，见部阵齐整，将士精锐；又北望八公山上草木皆类人形。

【故事】 东晋时，前秦皇帝苻坚的实力强大，他牢牢控制了北部的中原地区。但是野心勃勃的苻坚并不满足，他还想攻下黄河以南的东晋，真正统一中原。

公元 383 年，苻坚亲率九十万士兵攻打东晋。东晋派大将谢石、谢玄领八万士兵前去抵抗。苻坚得知后，更加骄傲，根本没把东晋军看在眼里，想以多胜少，速战速决。但是，苻坚的二十五万先锋部队刚在寿春（今安徽省寿春）同东晋军首战，就被东晋军奇袭击退，损失惨重，大将被杀，士兵死伤惨重。前秦军队的锐气大挫，军心动摇，士兵惊恐万状，纷纷逃跑。

首战失利让苻坚心里也着了慌，就和弟弟苻融趁夜去寿春城头上查看东晋的军情。一眼望去，但见东晋军阵容严整、士气高昂，再向北眺望东晋军驻扎的八公山，只见山上一草一木都像东晋军的士兵一样。苻坚回过头对弟弟说："这是多么强大的敌人啊！怎么能说东晋军兵力不足呢？"他后悔自己过于轻敌了，不敢再贸然进军，而是命令前秦的军队靠淝水北岸布阵，企图凭借地理优势扭转战局。

不料，东晋军派使者提出要求，请前秦军稍往后退，让出一点儿地方，以便东晋军渡河作战。苻坚听了，暗笑东晋军将领不懂作战常识，转念一想可以利用东晋军忙于渡河时给他们来个突然袭击，就欣然接受了东晋军的请求。谁知，后退的军令一下，前秦军如潮水一般溃不成军，而东晋军则趁势渡河追击，把前秦军杀得丢盔弃甲、尸横遍野。苻坚中箭后仓皇而逃，他听到风声鸟声也以为是敌人追兵又到了。这就是历史上以少胜多的著名战役——淝水之战。

后来，人们从淝水之战概括出成语"风声鹤唳，草木皆兵"，用来形容失败者的恐惧心理。

负荆请罪

【释义】 背着荆条向人请罪，主动请求处罚，形容诚心诚意地主动向人认错、道歉。负：背，背着。荆：落叶丛生灌木，茎坚硬，可作杖，有刺。

【出处】《史记·廉颇蔺相如列传》：廉颇闻之，肉袒负荆，因宾客至蔺相如门谢罪。

【故事】 战国时，秦国常常进犯赵国。有一次，赵王派大臣蔺相如到秦国去交涉。蔺相如凭着他的机智和勇敢，维护了赵国的权益。赵王见蔺相如这么能干，就先封他为大夫，后封为上卿（相当于宰相）。

赵王看重蔺相如，却令赵国的大将军廉颇很生气。他想：我为赵国拼命打仗，功劳难道不如蔺相如吗？蔺相如光凭一张嘴，有什么了不起的本领！他越想越不服气，便对手下人说："我要是碰着蔺相如，非得当面给他点儿难堪，看他能把我怎么样！"

廉颇的话传到了蔺相如的耳朵里，蔺相如一笑置之。但此后蔺相如坐车出门，只要听说廉颇从前面来了，就叫马车夫把车子赶到小巷子里，等廉颇过去了再走。

廉颇手下的人见上卿这么让着自己的主人，更加得意忘形了。蔺相如手下的人对蔺相如说："您的地位比廉将军高，他骂您，您反而躲着他，他得寸进尺越发不把您放在眼里了。"

蔺相如却心平气和地问他们："廉将军跟秦王相比，哪一个厉害呢？"大伙儿说："那当然是秦王厉害。"蔺相如说："我见了秦王都不怕，难道还怕廉将军吗？要知道，秦国现在不敢来打赵国，就是因为赵国上下一条心。我们两人好比是赵国的两只老虎。如果两只老虎打起架来，不免要有一只受伤甚至死掉，这就给秦国造成了进攻赵国的好机会。是国家的事儿要紧，还是私人的面子要紧？"

蔺相如手下的人听了这一番话，非常感动，以后看见廉颇手下的人，总是让着他们。

蔺相如的这番话后来传到了廉颇的耳朵里，廉颇感到惭愧极了。他脱掉一只袖子，露着肩膀，背了一根荆条，直奔蔺相如家。蔺相如连忙出来迎接廉颇。廉颇对着蔺相如跪了下来，双手捧着荆条，请蔺相如鞭打自己。蔺相如急忙用双手扶起廉颇，给他穿好衣服，拉着他请他到屋里坐下。

从此，蔺相如和廉颇成了朋友，这两个人一文一武，同心协力为国家效力，秦国因此不敢欺侮赵国。

负隅顽抗

【释义】 凭借险要地势，顽固抵抗。负：凭借，依仗。隅：靠边沿的地方。顽抗：顽固抵抗。

【出处】《孟子·尽心下》：有众逐虎。虎负嵎（隅），莫之敢撄。

【故事】 战国时，有一年齐国发生饥荒，许多人饿死了。孟子的弟子陈臻听到这个消息，急忙来找老师，对孟子说："老师，您听说了吗？齐国闹饥荒，人们都快饿死了。百姓都以为老师您会再次劝说齐王，请他打开谷仓救济百姓，您还会这样做吗？"孟子回答说："再这样做，我就成为冯妇了。"接着，孟子向陈臻讲述了有关冯妇的故事。

冯妇是晋国的猎手，善于和老虎搏斗。但后来他不再打虎了，他的名字也几乎被人们忘掉。有一年，某座山里出现了一只猛虎，常常伤害行人。几个年轻的猎人联合起来去打虎，追至深山。老虎背靠一个险要的地方，瞪圆了眼睛吼叫，没有人敢上前去捕捉它。就在这时，冯妇坐车路过，年轻的猎人们走到车前请他帮助打虎。冯妇二话不说，下了车，挽起袖子与老虎搏斗。经过激烈地搏斗，他终于打死了猛虎，为民除了害。年轻的猎人们高兴地向他致谢，围观的人看了一起叫好。

赴汤蹈火

【释义】 奔向沸水，踩着烈火；比喻不畏艰险，奋不顾身。赴：奔向。汤：开水。蹈：奔向，踩。

【出处】《与山巨源绝交书》：此犹禽鹿，少见驯育，则服从教制；长而见羁，则狂顾顿缨，赴汤蹈火。

【故事】 嵇康，字叔夜。嵇康、阮籍、山巨源等七人一起在竹林之下喝酒、纵歌，因此被称为竹林七贤。

司马氏专权后，嵇康不满司马氏的统治，隐居山中，而山巨源后来在朝廷中做了官，嵇康从此看不起他。山巨源由吏部侍郎升为散骑常侍时，想请嵇康出来担任他原来担任的吏部侍郎一职，然而却遭到了嵇康的拒绝。

不久，山巨源收到了门人递上的一封信，拆开一看，是嵇康给自己的一封绝交信。信中嵇康列举老子、庄子、孔子等先圣，说自己"志气所托，不可夺也"。又写到自己倾慕尚子平、台孝威，不涉经学，淡泊名利。信中表示他蔑视虚伪的礼教，公然对抗朝廷的法制。嵇康以鹿作比，说鹿很少见有被驯服的，如果羁绊、束缚它，那它必定狂躁不安，即使赴汤蹈火，也凛然不屈；哪怕是用金的马嚼子来装饰它，拿上好的草料来喂它，它还是思念森林，向往草地。嵇康以此表示如果司马氏请他做官，他就会像野性难驯的鹿一样"狂顾顿缨，赴汤蹈火"，表达了他坚决不在司马氏政权中任职的决心。

覆水难收

【释义】 倒在地上的水难以收回，比喻事情已成定局，无法挽回。覆：倒。

【出处】 ①《后汉书·何进传》：国家之事易可容易？覆水不收，宜深思之。

②《野客丛书·心坚石穿覆水难收》：太公取一壶水倾于地，令妻收入。乃语之曰："若言离更合，覆水定难收。"

【故事】 商朝末年，有个足智多谋的人物，姓姜名尚，字子牙，人称姜太公。姜太公在辅佐周文王和周武王攻灭商朝、建立周朝的过程中立下了大功，于是受封在齐地，是春秋时齐国的始祖。

姜太公曾在商朝当过官，因为不满纣王的残暴统治，弃官隐居在陕西渭水河边一个偏僻的地方。为了引起周族的领袖姬昌（即周文王）的注意，他经常在小河边用不挂鱼饵的直钩钓鱼。姜太公整天钓鱼，家里穷得吃饭都成问题，他的妻子马氏嫌他没有出息，不愿再和他共同生活。姜太公一再劝说妻子相信他的能力，有朝一日他定会受到贤明的君主重用，但马氏无论如何也不相信，姜太公无可奈何，只好让她离去。

后来，姜太公终于取得周文王的信任和重用，又帮助周武王联合各诸侯攻灭商朝，建立西周王朝。马氏见姜太公受到国君的重用，身居要职，懊悔当初离开了他，便找到姜太公请求与他恢复夫妻关系。

姜太公看透了马氏的为人，不想和她恢复夫妻关系，便把一壶水倒在地上，叫马氏把水收起来。马氏赶紧趴在地上去取水，但只能抓起一些泥浆。于是姜太公对她说："你已离我而去，就不能再合在一块儿。这好比倒在地上的水，难以再收回来了！"

肝脑涂地

【释义】 原指死得凄惨，肝血脑浆涂抹满地，后形容做事竭尽忠诚，不惜一切代价，乃至牺牲生命。涂：涂抹，沾染。

【出处】《史记·刘敬叔孙通列传》：大战七十，小战四十，使天下之民肝脑涂地，父子暴骨中野。

【故事】 长达四年的楚汉之争以汉王刘邦战胜西楚霸王项羽告终。刘邦平定中原，建立西汉王朝，史称汉高祖。为了巩固自己的统治、开创基业，刘邦决定建都立国。但把都城建在哪，一直没有确定下来。由于刘邦的臣子多是函谷关外的人，所以他们说："周朝建都洛阳，传了数百年；秦朝建都咸阳，传位不过二代就亡了，所以应建都洛阳。"汉高祖因此犹豫不定。

这个消息透露出去之后，有一个叫娄敬的人前来面见刘邦，劝他不要建都于洛阳。娄敬见到刘邦之后，开门见山地说："您将都城建在洛阳，是不是想继承周朝的盛世呢？"刘邦点了点头，说："正是。我希望汉朝能同周朝一样强盛，我们的子民可以安居乐业。"娄敬说："汉朝获得天下跟周朝获得天下的方式完全不同。周朝之所以能够推翻商朝，得到天下，是因为周的先祖原本有封地，积累了十几世的德行，以德得天下。而你是布衣之身，依靠武力夺取天下，发动的战争大的有七十场，小的也不下四十场，死伤无数，让无辜百姓肝脑涂地，尸骨遍野，哭声满天，这又怎么能与周朝相比呢？把都城建在洛阳，我认为不合适，还是把国都建在秦地的长安比较好。那里环山傍水，易守难攻，可以容纳百万之众，真可谓是天府之地啊！"

刘邦的心胸还算得上宽广，听了娄敬的话，虽然和自己的意见不太一致，但仍然觉得很有道理。于是，他派人叫来军师张良一起商议。张良得知情况之后，也很赞同娄敬的意见。于是，西汉的都城最终定在长安，娄敬被封为郎中，号奉春君，刘邦还赐娄敬姓刘，娄敬从此改为刘敬。

在漫长的历史长河中，许多成语都延伸出了不同的意思。肝脑涂地的意思也慢慢发生了变化，从专门用于形容人惨死的样子，到表示竭尽忠诚、不怕牺牲之意，如今这个成语多用来表达一种忠心耿耿的情怀。在封建时代，臣子经常用这个词来形容自己对君主、对国家社稷的一片赤胆忠心。

固若金汤

【释义】 金属造的城，滚水形成的护城河，形容工事无比坚固。比喻防守严密，无懈可击。

【出处】《汉书·蒯通传》：必将婴城固守，皆为金城汤池，不可攻也。

【故事】 秦二世胡亥上台后，荒淫无度，大批招募民工，修建阿房宫、陵墓等，徭役繁重，赋税沉重，刑罚又极其残酷，农民实在不堪忍受重压。公元前209年，陈胜、吴广在大泽乡发动起义，一路披荆斩棘，所到之处，豪杰纷纷响应，起义军占领了秦国的大部分地区。

陈胜的部将武臣非常勇猛，被加封为武信君。当武臣率军攻打越地范阳时，范阳城里有一个口才极好的辩士蒯（kuǎi）通得知后，立刻去拜见范阳令徐公。

蒯通对徐公说："大人当范阳令十多年来，杀戮抢夺，逼得人民妻离子散，弄得百姓对你怨声载道。先前因为有严厉的秦法存在，百姓才对你百般忍耐。现在天下大乱，武信君已经兵临城下，秦法不管用了，百姓还不把你生吞活剥了以解旧日之恨啊？您应该放弃守城，向武信君示好，这样您不仅不会死，而且还会富贵。"徐公听罢认为确实有理，就拜托蒯通向武臣说和。

于是蒯通启程去拜会武臣，受到正在四处招揽豪杰的武臣的热情接待。蒯通说："将军来到此地，无非是要战胜范阳令，然后占领范阳城。我现在有一个计策，可以不费将军一兵一卒就让您得到范阳城，而且只要一纸檄文，就能让您得到几千里土地。不知您是否想听？"

武臣忙问："有如此妙计，请先生快快说来。"

蒯通道："范阳令徐公听说您要去攻城，正在到处修建防御工事，决定誓死护城。其实范阳令徐公本是个贪生怕死、贪恋官位的人，他之所以不肯归降，是因为将军您先前打下十个城县后，把守城的官吏都给杀掉了。横竖都是死，他就决定拼个鱼死网破。但范阳城固若金汤，您一时很难强攻下来。"

说到这里，蒯通停顿了一下。武臣细心地把茶水推过去："那先生之意呢？"蒯通喝了口茶水，继续说："虽然范阳的人民恨死了范阳令，但也不一定愿意投靠杀人无数的武信君您。为大人着想，最好的办法就是赦免范阳令徐公，给他一个侯印，他喜得富贵，自然会愿意开城投降，而范阳城的人民也不敢随便杀他，这范阳城您不就唾手可得了？为了宣传您的仁德，您还可以送给范阳令徐公一辆豪华的马车，让他帮忙游说附近的守城将吏，让所有城县的官员都知道，投降大人后不但不会被杀头，还有荣华富贵可以享受，那他们一定会很快向您投降。这样，您不需花费任何力气就可以得到天下，不就是我所说的用一纸定天下的妙计吗？"

听了蒯通的计策，武臣觉得很有道理，就依计行事。果然，范阳令徐公很快就投降了。看到投降后的范阳令徐公并没有被杀头，附近其他城的守城官吏也都纷纷向武臣投降，本来固若金汤的秦朝守城不攻自破了。

瓜田李下

【释义】 经过瓜田不弯下身来提鞋，免得人家怀疑摘瓜；走过李树下面不举起手来整理帽子，免得人家怀疑摘李子。比喻容易引起嫌疑的地方，或指比较容易引起嫌疑，让人误会而又有理难辩的场合。

【出处】《君子行》：瓜田不纳履，李下不整冠。

【故事】 唐文宗时，有个叫郭宁的官员把两个女儿送进宫中。半年后，皇帝派郭宁到邠宁（今陕西省邠县）做官，连升两级。当时很多人都为此事议论纷纷，说正因为郭宁送给皇帝两个美女，才会得到这样的待遇；以后想升官，不用靠什么业绩，贡献美女就行。

谣言很快传到唐文宗耳中，唐文宗因此不太开心。当时大书法家柳公权担任工部侍郎。因为柳公权为人忠厚耿直，很少说什么是非，唐文宗比较信任他，于是就以此事来问柳公权："郭宁是太皇太后的继父，官封大将军，当官以来没有什么过失。现在朕调他到邮宁那个小地方当主官，又有什么不妥呢？"

柳公权答道："议论的人都以为郭宁是因为进献两个女儿入宫，才得到这个官职的。"唐文宗说："郭宁的两个女儿是进宫陪太后的，并不是献给朕的。"柳公权回答："瓜田李下的嫌疑，人们哪能都分辨得清呢？"

瓜田李下出自"瓜田不纳履，李下不整冠"，柳公权用此语来比喻皇帝的做法很容易让人产生怀疑。古人强调正人君子要注意言谈举止、风度礼仪，除此之外，还要主动避嫌，远离一些有争议的人和事。所以，"瓜田李下"这种容易引起嫌疑的地方，君子应该避之。

贵人多忘事

【**释义**】 原指高官态度傲慢，不念旧交，后用于形容高位者善忘，或讽刺人健忘。

【**出处**】《唐摭言·恚恨》：倘也贵人多忘，国士难期，使仆一朝出其不意，与君并肩台阁，侧眼相视，公始悔而谢仆，仆安能有色于君乎？

【**故事**】 唐朝时，有个名叫王泠然的读书人，开元五年（公元717年）中了进士，但却没有被授予官职，所以家里仍然很穷。王泠然急于当官，就给当初和自己曾经有过交往的御史大夫高昌宇写了一封信，希望他给自己谋个官职。

这封信写道："你还记得当年你在宋城当县尉时的情景吗？那时我的文章已经写得不错，你时常夸奖我，也时常指点我，对此，我一直铭记在心。后来你高升了，到朝廷去做官，我本以为你会时常记起我这个老朋友，不料你出使江南路过宋城时，问候了许多人，却没有一句话提到我。你升了官后眼珠向上翻，不愿再提我这样低贱的人。"

接着王泠然在信中提到高昌宇使其受辱的一件事。有一年高昌宇担任主考，王泠然是考生，高昌宇想要使王泠然落选，但那年王泠然还是考上了进士。这个耻辱王泠然也记得。最后，王泠然用威胁性的语句写道："倘若你因为做了高官，成了贵人，忘记了我这个老友，那么你应该知道，文人的前途是很难预料的。说不定我有朝一日也当了高官，与你平起平坐，那时我也傲气十足，对你侧眼相视，你即使懊悔地向我道歉，我还会有好的脸色对你吗？"

"贵人多忘事"这个成语就是来源于王泠然的这封信，原意是指高官者态度傲慢，不念旧交。发展到今天，"贵人多忘事"多用来形容高位者善忘，或讽刺人健忘。

过五关，斩六将

【释义】 关羽冲过五道关口，斩了曹操的六位大将。比喻人英勇无比，也比喻克服重重困难。

【出处】《三国演义》：关云长挂印封金，千里走单骑，过五关斩六将。

【故事】 东汉末年，刘备军和曹操军大战后，刘备被曹操击败，刘备、关羽、张飞三人失散，关羽被曹军包围。曹操非常欣赏关羽的人品和才能，希望招降关羽，便派属下张辽、张文远等游说关羽。关羽当然不是一根墙头草，但是为了保护义兄刘备和兄嫂不被侵犯，便暂时同意归降了曹操，但却提出三点要求：一是降汉不降曹；二是要确保兄嫂安全；三是如有刘备消息要立即离去，曹操不能阻拦。

曹操爱才心切，就同意了。另一方面，自信的曹操还希望通过自己的努力让关羽真心归降，所以给了关羽极好的待遇，还赐给他赤兔马。当然，关羽斩颜良，诛文丑，也算报答了曹操的知遇之恩。就当一切水到渠成之时，关羽忽然收到刘备的消息，于是立即向曹操请辞。但曹操避而不见，最后关羽只能不辞而别。因为没有曹操的批准，关羽归蜀的路上遭到了层层阻拦，英勇的关羽凭借一己之力，过了五个曹操的所辖关，斩了六员大将。"过五关，斩六将"由此而来。

　　民间都非常敬佩关羽，于是就用关羽的"过五关，斩六将"来比喻人英勇无比、英雄盖世，也比喻克服重重困难才达到成功。

邯郸学步

【**释义**】 比喻模仿不成，反把自己原有的长处失去了。邯郸：地名，在河北省。步：步伐。

【**出处**】《庄子·秋水》：子往矣！且子独不闻夫寿陵余子之学于邯郸与？未得国能，又失其故行矣，直匍匐而归耳。

【**故事**】 传说两千年前燕国寿陵有一位少年，其家境殷实，平时既不愁吃也不愁穿，相貌、身材也长得不错，可是他却一直不自信，常常无缘无故地觉得自己事事不如人，处处低人一等。他认为别人穿的衣服都比他好，别人吃的饭菜也比他的香，就连站相、坐相也总觉得不如人家高雅。他看见别人干什么，他就跟着学什么，学完一样丢一样，虽然学了很多不同的新花样，却连一样也没学会。

他的家人都劝他改掉这个坏毛病，可是他却觉得家里人管得太多。所有的亲戚、邻居都说他这样是狗熊掰棒子，他却完全听不进大家的劝告。有一天，他居然怀疑自己走路的姿势不正确，觉得自己走路的姿势很笨、很丑。

一天，他在路上走，路边有几个人正在说说笑笑，他听其中的一个人说邯郸人走路的姿势很美。他想正好自己想学走路呢，于是急忙走过去，凑到人群里，想仔细打听一下。谁知道，那几个人看见他来了，哄堂大笑之后都扬长而去。

邯郸人走路的姿势到底美在哪里呢？他整天都在想这个问题，可是却一直想象不出来。这成了他的心病。终于有一天，他实在忍不住了，从家里偷偷跑到遥远的赵国邯郸学走路。

刚到邯郸的时候，他觉得什么东西都很新鲜，看得他眼花缭乱。看到孩子们走路，他觉得很活泼、很美，于是他就跟在孩子们后面学；看见老人走路，他觉得稳重，也跟在后面学；看到女子走起路来摇摆而婀娜多姿，他也觉得美，便跟在后面学。就这样，刚过了半个月，他不但没有学会走路，反而把带的盘缠花光了，只好爬着回家。

这个成语比喻如果只一味地生搬硬套、机械地模仿别人，那么别人的长处不但学不会，还会丢失自己的优点和本领。

汗马功劳

【释义】 原指在战场上建立战功，现指辛勤工作做出贡献。汗马：将士骑的马奔驰出汗，比喻征战劳苦。

【出处】 ①《韩非子·五蠹》：弃私家之事，而必汗马之劳。

②《史记·萧相国世家》：今萧何未尝有汗马之劳，徒持文墨议论，不战，顾反居臣等上，何也？

【故事】 萧何是汉高祖刘邦的同乡，刘邦起兵反秦，萧何始终帮他出谋划策，是刘邦最可靠的得力助手。

秦灭亡以后，刘邦打败了项羽，建立了汉朝，萧何担任相国。刘邦认为论功劳应以萧何为第一，所以首先封他为酂侯（酂，县名，具体位置不确定），食邑八千户。但是其余功臣多不服，他们说："我们在战场上出生入死，少则打过几十仗，多则经过百余战，而萧何未有汗马之劳，只会耍笔杆、发议论，根本没上过战场，封赏反在我们之上,这是什么道理?"刘邦问道:"你们知道打猎的事吗?"
大家回答:"知道。"刘邦再问道:"那么你们知道猎狗吗?"大家又
同声回答:"知道。"刘邦于是接着说:"打猎的时候,追杀野兽的是
狗,而指示野兽的住处、去向,让狗去追杀的却是人。你们只会追
杀,不过是'功狗'而已;而萧何能发现野兽的踪迹,做出指示,
他才是'功人'。而且,你们多数是单身跟随我,有同族两三人一
起入伍的就算难得了,可是萧何叫全家族的几十个男子都参加了我
们的军队,跟着我一同征战沙场,萧何的这些功劳怎能被忘记?"

沆瀣一气

【释义】 比喻臭味相投的人勾结在一起。沆瀣：指唐时的崔沆、崔瀣。

【出处】《南部新书·戊集》：又乾符二年，崔沆放崔瀣，谈者称"座主门生，沆瀣一气"。

【故事】 隋唐时期，读书人要做官，都要经过科举考试。

唐僖宗期间，在京城举行了一次考试，各地已经取得一定资格的读书人，来到京城应考。在众多的考生中有个叫崔瀣的人，他很有才学，感觉自己考得不错，就等着发榜了。主持考试的官员名崔沆，批阅到崔瀣的卷子，越看越觉得好，就把他录取了。

发榜那天，崔瀣见自己榜上有名，非常高兴。按照当时的习俗，考试及第的人，都算是主考官的门生，而主考官就是考试及第的人的座主，大家都尊称他为恩师。发榜后，门生要去拜访恩师，崔瀣自然也不例外。崔沆作为座主，见到崔瀣这位与自己同姓的门生，显得格外高兴。也真是巧合，"沆""瀣"两字合起来是一个词，表示夜间的水汽，于是就有人把这两个字合在一起编成两句话："座主门生，沆瀣一气。"意思是说他们师生两人像是夜间的水汽连在一起。但是中举后的崔瀣很快获得好的官职，于是众人怀疑崔瀣与崔沆有私人关系，渐渐地"沆瀣一气"这个成语变成贬义词。

涸辙之鲋

【释义】 在干涸的车辙里的鲫鱼，比喻处于困境、亟待救援的人。涸：水干，枯竭。鲋：鲫鱼。

【出处】 《庄子·外物》：周昨来，有中道而呼者，周顾视车辙中，有鲋鱼焉。

【故事】 庄子是战国中期宋国蒙地（今河南省商丘东北）人，是道家思想的集大成者。他一生不慕功名，长期过着隐居生活，对一切都抱着无所谓的态度，妻子死时竟"鼓盆而歌"。

楚威王听说庄子是个有学识的贤者，便备下千金厚礼请庄子为相。庄子笑着对来使说："千金可算重礼，宰相权位更是尊贵之极。可是，你没见过祭祀时的牛吗？牛被人们喂养肥了，祭祀时还不是被牵到太庙杀了做祭祀？我宁愿在淡泊无为中度日，也不愿去做'牺牛'。"庄子最终也没去楚国当宰相。

因为庄子过分专注于著书，不注重生产，所以家里很穷，总是吃了上顿没下顿，经常因为没钱买粮而忍饥挨饿。

一天，庄子家又到了揭不开锅的地步，母亲已经饿得下不来床，庄子也饿得无法写作。无奈之下，庄子只好硬着头皮到富有的监河侯家去借粮。监河侯是一个很小气的人，但当他听下人告知不做官、清高的庄子登门借粮，他非常开心：这可是以后自己在众人面前卖弄的资本啊！于是，监河侯爽快地答应借给庄子粮，但说道："借给先生粮食当然可以，我不借谁的粮食，也会借给你啊！不过得等我收了老百姓的租税之后才能借给你。到时候，我借给你三百斤，你觉得可以吗？"

清高的庄子第一次求人，就遭到对方的软拒绝，十分生气，就恼怒地对监河侯说："我走了很远的路才来到你这里。昨日走在半路上，突然听到喊救命的声音。回头一看，看到干涸的车辙里躺着一条小鲫鱼。我看看左右无人，就问小鲫鱼：'是你在呼救吗？怎么了？'小鲫鱼见到我过来，非常开心，答道：'我原本住在东海，今天不幸落在这车辙沟里，快要干死了，请你给我一些水，救救我吧！'"

说完，庄子停顿了一下。监河侯赶紧问："那你有没有拿水救小鲫鱼呢？"庄子冷冷地继续说道："我当时说：'好吧，等我到了南方，去劝说吴越两国国王，请他们将西江里的水引来救你，你看如何？'"监河侯一听傻了眼，急忙说："那怎么行呢？等你到南方劝说吴越两国国王引来西江的水，小鲫鱼早就干死了。"

"是啊！鲫鱼听了我的主意，当时就气愤地说：'我失去了我所依赖的水，没法活下去。我现在只要得到斗升的水，就能活命。如果等你引来西江的水，我早就死在这里了。那时候，你只能到卖鱼干的店铺里去找我了。'"

　　"涸辙之鲋"就是形容急切需要救助的人或事，帮助他们一刻也不容耽搁。

后起之秀

【释义】 表示后辈中的优秀者。秀:优秀的意思。

【出处】《世说新语·赏誉》:卿风流俊望,真后来之秀。

【故事】 魏晋南北朝时期,是中国历史上人才辈出的特殊年代。就拿东晋的名士王忱来说吧,他出生于琅琊王家,在少年时代就显露出过人的才气,很受亲友的推崇。他的舅父范宁是当时著名的经学家,觉得王忱是个不可多得的可塑之才,对他的教育非常器重。每次有名士来范宁家拜访,他总让王忱到场接待。

有一次,王忱又去看望舅舅,遇到了比他早出名的张玄前去造访。舅舅范宁很开心,就让他俩多交流交流。张玄早就听说王忱是少年奇才,志趣不凡,很想与他谈谈。但他自恃年龄比王忱大,出名也早一些,自然希望王忱先跟自己打招呼,就端正地坐着等候。不料,王忱看到张玄那副正襟危坐的傲慢模样,非常看不上眼,也默默坐着,一言不发。张玄见王忱那样,不好意思放下架子主动搭讪,就和王忱对坐了一会儿,然后怏怏不乐地告辞了。

张玄告辞后,舅舅范宁有点不开心,对王忱说:"张玄是吴中的名士,你为什么不和他好好谈谈呢?"王忱倨傲地回答说:"他要是真心想和我来往,完全可以来找我谈谈嘛。"范宁听了这话,不怒反笑,开始称赞他的外甥:"你这般风流俊逸,有大将之风,真是后起之秀呀!"王忱笑着回答说:"没有您这样的舅舅,哪来我这样的外甥?"两个人对视哈哈大笑。

长江后浪推前浪,一代更比一代强。历史在不断延续发展,后面的人都站在前人的肩膀上飞速前进,所以后来人超过前面的人是很正常的。今天,人们就用"后起之秀"来形容年轻的后辈中有人取得非常好的成绩,或者特别优秀,堪比甚至超过老一辈的优秀者。

画龙点睛

【释义】 原形容南朝梁代画家张僧繇绘画技艺的神妙，后多比喻写文章或讲话时，在关键处用几句话点明实质，使内容生动有力。

【出处】《历代名画记·张僧繇》：张僧繇于金陵安乐寺，画四龙于壁，不点睛。每曰："点之即飞去。"人以为诞，因点其一。须臾，雷电破壁，一龙乘云上天，不点睛者皆在。

【故事】 张僧繇是梁武帝时期的著名画家，擅长画道释人物，亦善画龙、鹰、花卉、山水等。

张僧繇的画活灵活现，笔下的人、物、景都跟真的一样，甚至有人说他画的动物真的能活起来。在金陵安乐寺庙的墙壁上张僧繇画了四条龙。可是，这四条龙都没有画眼睛。有人问他："你为什么不画龙的眼睛呢？"张僧繇回答说："眼睛是龙的精髓，只要画上眼睛，龙就会飞走的。"大家哈哈大笑起来，认为他是个疯子。没想到张僧繇提起画笔，运足了气力，刚给其中的一条龙点上眼睛，一时间乌云滚滚而来，电闪雷鸣，画上的那条龙腾空而起。人们被眼前的一切惊得目瞪口呆，全都傻了眼。

画蛇添足

【释义】 形容做多余的事，不能锦上添花反而弄巧成拙。

【出处】 《战国策·齐策二》：蛇固无足，子安能为之足？

【故事】 楚国有个贵族，在他祭过祖宗以后，便把一壶祭酒赏给前来帮忙的门客。但是这壶酒却不够所有人喝，于是这时有人建议：每个人在地上画一条蛇，谁画得快又好，就把这壶酒让他喝。大家都认为这个办法好，于是各自在地上画起蛇来。

有个人画得很快，一转眼就第一个画好了蛇。他回头看其他人还都没有画好呢。这个人心想：他们画得真慢，我要向他们显示一下我的本领。于是，他便左手提着酒壶，右手拿起一根树枝，开始给蛇画起脚来，同时还洋洋得意地说："你们画得好慢啊！"

正在他一边给蛇画脚，一边说话的时候，另外一个人已经画好了。那个人马上把酒壶从他手里夺过去，说："你见过蛇么？蛇是没有脚的！所以第一个画好蛇的人不是你，而是我了！"那个人说罢就仰头喝壶里的酒。

黄粱一梦

【释义】 比喻虚幻不能实现的梦想，后喻荣华富贵如梦一般，短促而虚幻，或喻梦寐以求之欲望落空。黄粱：小米。

【出处】 ①唐代传奇《枕中记》中讲述的故事。

②元代杂剧《陈季卿误上竹叶舟》：因应举不第，道经邯郸，得遇正阳子师父，点化黄粱一梦，遂成仙道。

【故事】 传说吕洞宾的母亲要生他的时候，屋里异香扑鼻，一只白鹤自天而下，飞入他母亲的帐中就消失了。吕洞宾出生后果然气度不凡，自小聪明过人，日记万言，过目成诵，出口成章。后来吕洞宾游庐山，遇火龙真人，被传授天遁剑法。吕洞宾六十四岁时游长安，在酒肆遇见一位羽士在墙壁上题诗，吕洞宾见他相貌奇特古朴，道骨仙风，便上前问他姓名。羽士说："我是云房先生，居于终南山鹤岭，你想跟我一起去吗？"吕洞宾凡心未尽，没有答应。这位云房先生就是钟离权。

　　到了晚上，钟离权和吕洞宾住在同一家客栈。钟离权为他做饭的时候，吕洞宾却已经睡着了。吕洞宾梦见自己状元及第，子孙满堂，极尽荣华；然而忽获重罪，妻离子散，到老后孑然一身，独自站在风雪中发抖。吕洞宾刚要哀声叹息，突然梦醒，而此时钟离权的饭还没熟，于是钟离权题诗一首"黄粱犹未熟，一梦到华胥"。吕洞宾感觉很奇怪，便说："难道先生知道我的梦？"钟离权道："你刚才的梦，升沉万态，荣辱千端，五十年如一刹那呀！得到的不值得欢喜，失去的也不值得悲叹，人生就像一场梦。"于是吕洞宾决心拜钟离权为师，入终南山修道。

讳疾忌医

【释义】 隐瞒疾病，不愿医治，比喻怕人批评而掩饰自己的缺点和错误。讳：避忌。忌：怕，畏惧。

【出处】 ①《韩非子·喻老》中记述的一个小故事。

②《周子通书·过》：今人有过，不喜人规，如护疾而忌医，宁灭其身而无悟也。

【故事】 有一次，扁鹊去见蔡桓公，他对蔡桓公说："您生病了，现在病还只在皮肤里，若不赶快医治，病情将会加重。"蔡桓公听了笑着说："我没生病。"待扁鹊走了以后，蔡桓公对身边的人说："这些医生就喜欢医治没有病的人来夸耀自己的本领。"

十天以后，扁鹊又去见蔡桓公，说："您的病已经发展到肌肉里了，如果不治，还会加重。"蔡桓公对扁鹊的话不予理睬。扁鹊走了以后，蔡桓公很不高兴。

再过了十天，扁鹊又去见蔡桓公，说："您的病已经转到肠胃里去了，再不从速医治，就会更加严重。"然而蔡桓公依旧不理睬扁鹊的话。

又过了十天，扁鹊去见蔡桓公时，望了蔡桓公一眼之后转身就走。蔡桓公觉得很奇怪，于是就派使者去问扁鹊。

扁鹊对使者说："病在皮肤里、肌肉里、肠胃里，可以用针灸或是服药来医治，但是病若是到了骨髓里，就没有办法医治了。现在桓公的病已经深入骨髓，我也对他的病束手无策了。"

五天以后，蔡桓公浑身疼痛，赶忙派人去请扁鹊，然而此时的扁鹊早已经逃到秦国。不久，蔡桓公就病死了。

鸡鸣狗盗

【释义】 指微不足道的本领，也指偷偷摸摸的行为。鸣：叫。盗：偷东西。

【出处】《史记·孟尝君列传》中关于孟尝君的故事。

【故事】 战国时，齐国的孟尝君喜欢招纳各种人做门客，号称食客三千。他对宾客来者不拒，有才能的让他们各尽其能，没有才能的也提供食宿。

有一次，孟尝君率领众门客出使秦国。秦昭王将他留下，想请他当秦国的相国。孟尝君不敢拒绝秦昭王，只好留下来。不久，大臣们劝秦王说："留下孟尝君对秦国是不利的，他出身齐国的王族，在齐国有封地、有家人，怎么会真心为秦国办事呢？"秦昭王觉得有理，便把孟尝君和他的手下人软禁起来，准备找个借口杀掉。

秦昭王有个很受宠的妃子，于是孟尝君派人去向这个妃子求救。

这个妃子答应救孟尝君，但前提条件是要得到孟尝君的那件价值千金的白色狐皮裘作为报酬。可是，孟尝君刚到秦国时，已把这件白色的狐皮裘献给了秦昭王。就在这时候，有一个门客说："我能把白色狐皮裘弄来！"说完就走了。

原来这个门客善于钻狗洞偷东西。他先摸清秦王宫中的情况，得知秦昭王将一件特别喜爱的狐裘，存放在宫中的精品贮藏室里。于是他便在深夜，逃过看守士兵的眼睛，钻进贮藏室把白色狐皮裘偷了出来。这个妃子见到白色狐皮裘高兴极了，便设法说服秦昭王释放了孟尝君。

然而孟尝君不敢再待在秦国，立即率领手下人连夜骑马向齐国快奔，到了函谷关正值半夜。按秦国法规，每天鸡叫函谷关才开门。可是半夜时分，鸡怎么能叫呢？大家正犯愁时，却听见几声"喔喔喔"的雄鸡啼鸣，接着函谷关的雄鸡都打起鸣。原来，孟尝君的另一个门客会学鸡叫，而鸡只要听到第一声啼叫就立刻会跟着叫起来。虽然守关的士兵觉得奇怪，但也只得起来打开关门，放他们出去了。

疾风扫落叶

【释义】 比喻力量强大，进展迅速，所向无敌。

【出处】 ①《资治通鉴·晋孝武帝太元七年》：以吾击晋，校其强弱之势，犹疾风之扫秋叶。

②《三国志·魏志》卷二十五辛毗传：以明公之威，应困穷之敌，击疲弊之寇，无异迅风之振秋叶矣。

【故事】 前秦皇帝苻坚励精图治、勤俭治国，国内的生产力逐渐恢复，军事实力也得到快速提升，百姓安居乐业。看到国内安定富强，内心有远大抱负的苻坚先是平定一小撮内乱，接着又先后消灭了前燕、前凉、代国，前秦的国力空前强盛，黄河流域以北尽是前秦疆域。

公元 383 年，苻坚不再满足只做北方的霸主，决定攻打东晋。文武百官纷纷劝阻他，但苻坚决心已定，认为既然前燕、前凉、代国可以轻松被前秦消灭，那么攻打东晋也不过如疾风扫落叶一般。于是他亲率九十万大军进攻东晋。结果淝水之战中，苻坚惨败身亡。

前燕、前凉、代国是非常小的国家，无论是从领土面积还是从军事实力来看，都远逊于前秦，所以苻坚当然可以以疾风扫落叶的速度攻下三国。但是，东晋和前秦的国力堪称在伯仲之间，而苻坚率领的前秦士兵皆为北方人，去江南攻打东晋会令前秦的兵将水土不服，这自然埋下了前秦失败的伏笔。

后来，人们就用"疾风扫落叶"来形容力量强大，进展迅速。

寄人篱下

【释义】 寄居在他人篱笆下，比喻依附别人生活。寄：依靠。篱：篱笆。

【出处】 《南齐书·张融周颙传》：丈夫当删《诗》《书》，制《礼》《乐》，何至因循寄人篱下？

【故事】 在南北朝时期的南齐，有个名叫张融的人，他是个读书人，是长史张畅的儿子、郎中张纬的孙子。张融生性怪僻，举止奇特，虽然身材矮小，面貌丑陋，但走路的时候却喜欢昂首挺胸。他反应机敏，对别人的提问总能够对答如流。张融讲话幽默，南齐太祖萧道成还没有做皇帝的时候，就很欣赏张融的才学和人品。

有一次张融请假回家，萧道成问他家住在哪里，张融回答说："我住在陆地上但不是房屋里，住在船上但不是水上。"萧道成不解，就问张融的亲戚张绪。张绪告诉萧道成说："张融一家人在东山附近没有固定的住处，暂且将一只小船牵上岸边，全家人住在里面。"萧道成听了哈哈大笑。

还有一次，萧道成与张融探讨书法，萧道成说："你的书法已经颇有骨力，但还缺少二王的法度。"张融回答说："陛下不应该说我缺少二王的法度，应说二王缺少我的法度。"在写文章方面，张融也主张要有独创性，要有自己的风格。他在《门律自序》中写道："作为男子汉大丈夫，写文章应当像孔子删编《诗》《书》，制定《礼》《乐》那样，发扬自己的创造性。为什么要模仿别人，像鸟雀那样寄居在人家的篱笆下面呢？"

家无长物

【释义】 家里没有多余的东西，形容做官清廉或者生活清苦。

【出处】《世说新语·德行》：丈人不悉恭，恭作人无长物。

【故事】 王恭，字孝伯，东晋太原晋阳（今山西省太原）人，他曾经担任过丹阳尹、中书令、太子詹事等职位。王恭虽然做官多年，但一直对自己严格要求，生活上十分简朴，他曾经说过："我这个人，家无长物。"其实说起来，这还是一个有趣的故事呢。

有一次，王恭跟随他的父亲光禄大夫王蕴从会稽到东晋都城建康（今江苏省南京）办事，在路上遇到了好多卖席子的商贩。会稽是一个盛产竹子的地方，竹制品价格比较便宜，于是王恭买了一张竹席带回家。

一天，王恭的朋友王忱来到王恭家里，两个人坐在王恭新买的竹席上聊天。王忱见这张竹席由手工制作，非常精致，式样也很新颖，大小也刚刚好，因此非常喜欢。王忱的性格非常直接、坦率，毫不掩饰自己的喜爱之情，就直截了当地对王恭说："这张席子我非常喜欢，您刚从会稽那边回来，这样的席子应该有很多吧，就给我一张吧。"王恭当时并没有说话，但是王忱回家之后，王恭就命人将自己坐的那张新席子送到了王忱家。

自己唯一的席子送人了，这样一来，王恭就没有竹席可以用了。因此，他只好每天坐在一张草甸子上吃饭、读书。后来，王忱听朋友说王恭每天都坐在草垫子上，很吃惊。等他知道事情的原委之后，他对王恭说："我以为您有很多的竹席呢，所以才要求你给我一张，没想到却是这样……"王恭笑着说道："哈哈，你对我的了解真是太少了。在生活上，我从来就没有什么多余的东西啊！"王忱听后，在内心深处更加敬佩王恭了。

事实上，不管在什么年代，竹席都不是什么贵重的东西。王恭只有一张竹席，并不是因为他买不起更多的竹席，只是因为他时刻在恪守做人清廉的原则。

价值连城

【释义】 原意是连在一起的许多城池，后用来形容物品十分贵重。

【出处】 《史记·廉颇蔺相如列传》：赵惠文王时，得楚和氏璧。秦昭王闻之，使人遗赵王书，愿以十五城请易璧。

【故事】 春秋时期，楚国有个叫卞和的人，在楚山上看见有凤凰栖落在山中的青石板上，依"凤凰不落无宝之地"之说，卞和认定山上有宝。经过几天几夜的仔细寻找，卞和终于在山中发现一块璞玉，急忙奉献给楚厉王。厉王命玉工查看，玉工不识货，说这只不过是一块石头而已。厉王大怒，以欺君之罪砍下了卞和的左脚。厉王死后，楚武王即位，卞和跛着一只脚，一瘸一拐地走到殿堂，再次捧着璞玉去见武王。武王又命玉工查看，玉工仍然说只是一块石头，卞和因此又失去了右脚。

楚文王继位后，卞和抱着璞玉在楚山下哭了三天三夜，直到哭得眼泪都流干了，眼睛里哭出了血。文王听说后，就派人问他为何哭得这样悲痛，卞和哽咽道："我所伤心的，并不是被砍去了双脚，而是这个世道是非不分、黑白颠倒。这明明是块宝玉，却被认为是石头；我本来是一心为国的忠贞之士，却被认为是欺君罔上的无知狂徒。这是最使我伤心的啊！"

　　文王令匠人剖开璞玉，璞玉立刻宝光四射，美妙无比，果然是一块上等的美玉。为了表彰卞和三番两次冒死献宝的壮举，楚文王将这块美玉命名为和氏璧。从此之后，这个令发现它的伯乐损失了两只脚的和氏璧就成为稀世之宝。

　　辗转多次后，和氏璧被赵惠文王得到了，秦昭王十分羡慕和嫉妒，就托人给赵惠文王送去一封信，信上说：愿意以十五座城池交换和氏璧。这样，和氏璧价值连城的名声就传开了。

近水楼台

【释义】 原意为靠近水边的楼台，比喻由于接近某人或者某事物便能获得优先的机会或利益。

【出处】《清夜录》：范文正公镇钱塘，兵官皆被荐，独巡检苏麟不见录。乃献诗曰："近水楼台先得月，向阳花木易为春。"

【故事】 范仲淹是北宋时期著名的政治家、文学家和军事家，他以"先天下之忧而忧，后天下之乐而乐"为人生坐标，做了很多利国利民的大事。作为寒门出身的朝廷重臣，范仲淹为人极为正直，待人谦和，善于选拔人才，尤其是会经常举荐一些贫穷却有才能的年轻人入仕。在杭州做知府的时候，范仲淹十分关注当时城中的文武官员，量才举荐，让他们中的很多官员都发挥各自的才干，谋得了合适的职位，他们都非常感激范仲淹的伯乐之恩。

当年杭州还有一个叫苏麟的巡检官，由于常年需要去外县巡查，没有太多机会回到杭州，所以未能得到范仲淹的提拔。一次，苏麟因公事见到范仲淹，想到自己受到的不公待遇，便趁机给范仲淹写了一首诗，诗中有两句："近水楼台先得月，向阳花木易为春。"意思是靠近水边的楼台可以最先看到月亮，在阳面生长的花草树木易成长开花，显现出春天的景象。

聪明的范仲淹立刻心领神会，知道苏麟是暗指靠近自己的人都得到了好处，只有他自己因为长期在外，被范仲淹忽略了。范仲淹哈哈大笑，不日，帮苏麟谋到了一个适合他的职位。

"近水楼台先得月"出自苏麟的诗，比喻处于便利之地便能获得好机会。现在，人们常用此语来形容在地理或者人际关系上比较接近的一方会更容易成功。

近朱者赤，近墨者黑

【释义】 靠近朱砂会变红，靠近墨会变黑。比喻接近好人可以使人变好，接近坏人可以使人变坏，指客观环境对人有很大影响。

【出处】《太子少傅箴》: 故近朱者赤，近墨者黑；声和则响清，形正则影直。

【故事】 "近朱者赤，近墨者黑"的典型例子就是孟母三迁的故事。孟子很小的时候，父亲便去世了，孟母守节没有改嫁。他们最开始住的地方靠近墓地，孟子看到大人们磕头拜祭，就和邻居的小孩子们一起学大人跪拜、哭号的样子，把办丧事当作过家家的游戏。孟母见了，觉得这种影响太坏了，就带着孟子搬到市集旁边去住。到了市集，孟子又和邻居的小孩学商人做生意的样子：一会儿鞠躬欢迎客人，一会儿招待客人，一会儿和客人讨价还价。孟母皱起了眉头，带着孟子搬走了。这一次，他们搬到了学校附近。孟子开始摇头晃脑地读书，也变得守秩序、懂礼貌，孟母满意地点点头说："这才是我儿子应该待的地方。"

孟母三迁的故事告诉人们：环境对人的影响是十分深远的。所谓"近朱者赤，近墨者黑"，就是要人们选择良好的环境居住，选择朋友要选择品行好的人做朋友，不要受坏的环境和人的影响。

精诚所至，金石为开

【释义】 人的诚心足够的话，像金石那样坚硬的东西也会被他打开，比喻诚心诚意地做，任何疑难问题都能解决。金石：指最坚硬的东西。精诚：至诚，诚心诚意。

【出处】《庄子·渔父》：真者，精诚之至也，不精不诚，不能动人。

【故事】 李广是西汉时期的著名将领，精于骑马射箭，作战非常勇猛，人称飞将军。"精诚所至，金石为开"讲述的是李广射出的箭射入石头的故事。

有一次，李广去冥山南麓狩猎，忽然听到风声，转头一看，发现草丛中蹲伏着一只猛虎。李广急忙弯弓搭箭，全神贯注地瞄准猛虎，用尽气力地射了一箭过去。李广的箭法在西汉是出了名的，他认为老虎一定会中箭身亡，就走上前去察看。仔细一看才发现，他哪里射的是老虎，而是一块形状酷似老虎的大石头。忽然，他发现自己刚才射出的箭已经深深地插入石中，而且箭尾也几乎全部没入其中。

李广感到很吃惊，自己的箭术是很好，但是怎么能有把石头射穿的力气呢？于是他再次退后两步，张弓搭箭，用力向石头射去。可是，一连几次射出的箭要么箭身折断了，要么箭头裂开了，根本无法射入石头当中。

李广回到营中后，给大家讲了亲身经历，还带人去看了那支没入石中的箭，大家都感到非常惊奇，百思不得其解。有一个人就请教当时著名的学者扬雄，扬雄回答说："只要全神贯注，诚心诚意，即使像金石那样坚硬的东西也会被打开。"

"精诚所至，金石为开"的成语便由此而产生并流传开来，用来形容诚心所到，能感动天地，使金石为之开裂。

开诚布公

【释义】 比喻诚意待人，坦白无私。

【出处】《三国志·蜀志·诸葛亮传》：诸葛亮之为相国也，抚百姓，示仪轨，约官职，从权制，开诚心，布公道。

【故事】《三国演义》中，罗贯中对蜀国青眼有加，偏向于刘备军团的蜀国将领，对诸葛亮更是赞誉不绝。

诸葛亮，字孔明，号卧龙，虽然隐居隆中，但对天下形势了如指掌。建安十二年（公元 207 年），在徐庶的举荐下，刘备三顾茅庐，才请得诸葛亮出山。诸葛亮为了报答刘备三顾茅庐之情，尽心竭力辅佐刘备，极得刘备的信任。刘备在临终前，将自己的儿子刘禅托付给他，请他帮助刘禅治理天下，并且诚恳地表示："你能辅佐他就辅佐他，如果他不好好听你的话，干出危害国家的事来，你就取而代之。"

刘备死后，诸葛亮殚精竭虑地帮助后主刘禅治理国家。而扶不起的阿斗就是人们对后主刘禅的评价，可见诸葛亮扶持刘禅有多么辛苦。曾经也有人劝诸葛亮废了刘禅，然后自己称王，毕竟刘备说过诸葛亮可取而代之。但是重情义的诸葛亮拒绝了，他说："我受先帝委托，已经担任了这么高的官职，如今讨伐曹魏没见什么成效，却要自立为王，这样做不是不仁义吗？"

诸葛亮待人处世公平公正，不徇私情，就连他非常看重的一位将军马谡，也因为触犯军法而被他忍痛下令斩首。当时，诸葛亮决定攻打魏国，要先派大将去把守街亭。参军马谡主动请战，并立下军令状，誓死坚守街亭。诸葛亮叮嘱马谡要注意保证作战的水源，还特意派心思缜密的王平担任他的副将。但是，到了街亭，马谡刚愎自用，根本听不进王平的劝告，远离水源，依山扎寨，结果丢失了阵地。危急中，诸葛亮施展空城计才巧渡难关。虽然没有全盘皆输，但如果马谡听了自己的话，大家岂不是不用冒这个险了？而且，万一敌军没有中计怎么办？事后，诸葛亮下定决心斩杀马谡。

见到马谡首级之后，诸葛亮恸哭不已。一旁的蒋琬疑惑地问："马谡这种刚愎自用的人死有余辜，丞相为何如此悲伤？"诸葛亮说："我不是为马谡的死而哭，我是后悔没有听从先帝（刘备）的话，才导致这个结局。想当初，先帝曾告诫我说，马谡此人言过其实，不可重用。我是痛恨自己的糊涂啊！"

诸葛亮不只是足智多谋的文臣，还是个勇于承担责任的真英雄。马谡事件后，诸葛亮主动请求后主刘禅批准他由丞相降为右将军。他曾下令说，一旦部下发现他的缺点，一定要坦率批评和指出。身为托孤重臣，有取而代之的权力，诸葛亮没有那么做；明明知道隔壁阿斗不可扶，他还是坚持能扶多久就扶多久，而且还让所有人监督他的丞相之职，这种豁达的胸襟在当时是极其罕见的。

陈寿在《三国志·蜀志·诸葛亮传》中给予了他很高的评价："诸葛亮身为相国，安抚百姓，倡导礼仪规范，裁减官员，尊崇制度，开诚心，布公道。承认错误，努力改过向善。善再小也必会受到奖赏，恶再小也必会遭到贬谪……"其中，"开诚心，布公道"被后人提炼为"开诚布公"。

口若悬河

【释义】 讲话像瀑布倾泻，滔滔不绝。形容能说会辩，口才很好，口齿伶俐。若：如，像。悬河：瀑布。

【出处】《世说新语·赏誉》：郭子玄语议如悬河泻水，注而不竭。

【故事】 晋朝时，有一位大学者名叫郭象，字子玄。

郭象在年轻的时候，已经是一个很有才学的人。尤其是他对于日常生活中所接触的一些现象，都能留心观察，然后再冷静地去思考其中的道理。因此，他的知识十分渊博，对事情也常常能有独到的见解。后来，他又潜心研究老子和庄子的学说，并且对他们的学说有深刻的理解。

由于郭象的名气很大，朝廷一再派人来请他做官。郭象实在推辞不掉，只得答应了，到朝中做了黄门侍郎。由于他的知识很丰富，所以无论对什么事情都能解释得头头是道。再加上他的口才很好，又非常喜欢发表自己的见解，因此每当人们听他谈论事情时，都听得津津有味。

当时有一位太尉王衍，十分欣赏郭象的口才，他常常在别人面前赞扬郭象："郭象说起话来，就好像一条倒悬起来的河流，滔滔不绝地往下灌注，永远没有枯竭的时候。"郭象的口才，由此可知。

脍炙人口

【释义】 原指人人爱吃的美食，后比喻好的事物受到人们津津乐道广为称赞和传颂，或比喻很多人都知道的事，也比喻好的诗文受到人们称赞和传颂。脍，切细切薄的肉。炙，用火烤的肉。

【出处】 《孟子·尽心下》：脍炙所同也，羊枣所独也。

【故事】 春秋时，有父子两人，他们同是孔子的弟子。父亲曾点爱吃羊枣（一种野生果子，俗名叫牛奶柿）。儿子曾参是个孝子，父亲死后，竟不忍心吃羊枣。这件事情在当时曾被儒家子弟大为传颂。

到了战国时，孟子的弟子公孙丑对这件事不能理解，于是就去向老师孟子请教。公孙丑问："老师，脍炙和羊枣，哪一样好吃？"

"当然是脍炙好吃，没有哪个不爱吃脍炙的！"公孙丑又问："既然脍炙好吃，那么曾参和他父亲自然都爱吃脍炙，那么为什么曾参不戒吃脍炙，只戒吃羊枣呢？"

孟子回答说："脍炙是大家都爱吃的，羊枣的滋味虽比不上脍炙，但却是曾点特别爱吃的东西，所以曾参只戒吃羊枣。好比对长辈只忌讳叫名字，不忌讳称姓一样，姓有相同的，名字却是每个人所独有的。"

孟子的一席话，使公孙丑明白了其中的道理。

滥竽充数

【释义】 不会吹竽的人混在吹竽的队伍里充数，比喻没本领的冒充有本领，次货冒充好货。

【出处】《韩非子·内储说上》：齐宣王使人吹竽，必三百人。南郭处士请为王吹竽，宣王悦之，廪食以数百人。宣王死，湣王立，好一一听之，处士逃。

【故事】 战国时，齐国有一位非常喜欢音乐的国君叫齐宣王，他尤其喜欢听吹竽。齐宣王喜欢热闹，爱摆排场，总是想显示自己作为一个国君的威严和气派。所以他每次听吹竽的时候，总是叫三百名吹竽乐师在一起合奏。

有个南郭先生，平时游手好闲，无所事事，听说齐宣王有这个癖好后，心中暗喜，觉得有机可乘，是个赚钱的好机会。于是他跑到齐宣王那里向齐宣王吹嘘自己："大王啊，我可是个有名的乐师，凡是听过我吹竽的人没有一个不被感动的，就是鸟兽们听了也会翩翩起舞，花草听了也会合着节拍一起颤动。我愿意把我的绝技只献给大王。"齐宣王听了，很高兴，完全没有考察就很爽快地收下了他，把他也编进那支吹竽乐团中。

这以后，南郭先生每次都有模有样地随着众吹竽乐师一起合奏给齐宣王听。齐宣王对他们也非常好，给他们的待遇非常优厚，南郭先生心里别提多得意了。

其实这个南郭先生是个骗子，他撒了个弥天大谎，他对吹竽压根儿就一窍不通。每逢乐队演奏的时候，南郭先生就学着别人的样子捧着竽混在队伍中，人家摇晃身体的时候他也摇晃身体，人家摆头他也摆头，脸上装出一副正在动情忘我吹奏的样子，看上去和别人一样吹奏得挺投入。由于他模仿得惟妙惟肖，真的让人瞧不出什么破绽来。南郭先生就这样蒙骗着所有人混过了一天又一天，不劳而获地白拿薪水，过着逍遥的日子。

可是好景不长，没过几年，那个爱听竽合奏的齐宣王驾崩了，他的儿子齐湣王登基了。齐湣王虽然也喜欢听吹竽，可是他和齐宣王不同，他认为众人在一块儿吹竽实在是太吵了，还是独奏来得悠扬逍遥。于是齐湣王下令，要这个乐团中每人好好练习、好好准备，他将让这个乐团中每个人轮流吹竽给他听。乐师们接到命令后都忙着积极练习，盼着一展身手，只有南郭先生急得像热锅上的蚂蚁，又急又怕，惶惶不可终日。他想来想去，越想越怕：一旦被发现，那可是欺君之罪啊！他觉得这次再也混不过去了，三十六计走为上，于是连夜逃出了王宫。

南郭先生不学无术、游手好闲，全靠蒙骗混饭吃，即使他骗得了一时，也骗不了一世。假的就是假的，最终逃不过实践的检验，迟早要被揭穿的。一个人想要成功，勤奋学习是唯一的途径，练就一身过硬真本领的人，才能经受得住一切考验。

乐极生悲

【释义】 高兴到极点时，发生使人悲伤的事。

【出处】《淮南子·道应训》：夫物盛而衰，乐极则悲。

【故事】 战国时期，各诸侯国除了加强本国的政治、经济、军事等方面的实力外，还很重视人才的选拔和使用，因为各诸侯国要想有朝一日雄霸天下都需要各种人才，尤其是能为国君出谋划策的人才。淳于髡（kūn）是当时齐国的贤士，他博学多才，还能言善辩，多次劝谏齐威王居安思危、革新朝政。在政治思想上，他主张益国益民的功利主义，受到齐威王的重用。

齐威王是个喜欢饮酒的君王，有时一饮就是一整夜，只顾尽兴，却不懂控制自己。公元前 349 年，楚国军队攻打齐国，齐威王赶忙派自己信得过的使节淳于髡带着黄金千镒、白璧十双、车马百驷去赵国求救兵。淳于髡果然不辜负齐王重托，向赵王陈述利害关系，并说服了赵王派十万大军和不少战车来援助齐国。楚国听到这个消息后，吓得连夜撤兵不战而退。对于这次胜利，齐威王相当高兴，立刻大摆酒宴请淳于髡喝酒庆贺。

畅饮期间齐威王高兴地问淳于髡："先生你平时要喝多少酒才会醉？"淳于髡一看这架势，知道齐威王这次肯定又要彻夜喝酒，必定是不醉不罢休。他想了一下就回答道："小臣喝一斗酒也醉，有些时候喝一石酒也醉。"

齐威王不明白他的意思，就问他既然你喝一斗就醉了，怎么还能够喝一石呢？淳于髡解释，自己在不同的场合、不同情况下酒量会随之变化。比如办正事的时候喝一斗就醉了；要是与好久不见的朋友们在一起，轻松愉快地喝酒，就会喝很多。最后淳于髡说："所以我从自己喝酒的经验得出一个结论，喝酒到了极点，就会醉酒而无意中乱了礼节；人如果快乐到了极点，就有可能要发生悲伤的事。因此，我觉得做任何事都是同样的道理，超过了事情的限度，就会走向反面了。"

这一番话说得齐威王心服口服，当时就诚恳接受了淳于髡的劝告，下决心从今往后不再彻夜饮酒作乐。就这样，"乐极生悲"这个成语也就由此而来。

两袖清风

【释义】 衣袖中除清风外，别无所有。比喻做官廉洁，也比喻穷得一无所有。

【出处】《次韵吴江道中》：两袖清风身欲飘，杖藜随月步长桥。

【故事】 明朝正统年间（1436—1449年），昏君无能，宦官王振当道，经常以权谋私、收受贿赂，各地官僚大多会投其所好，献以真金白银或是稀世奇珍。为了讨好他，各地官僚使出浑身解数，遍寻国内有名的宝物献于王振，有些人是为了求得一官半职，有些人是为了飞黄腾达。

各地官员中只有一个人例外——巡抚于谦。他每次进京奏事，总是将王振视若无物，完全不带任何礼品，也从不提礼品的事。他的同僚见他这样不解风情，不禁纷纷劝他说："你虽然对王振深恶痛绝，但是人既要有个性，也要从众啊。即使不献珍贵的宝物攀求权贵，至少应该通下人情，带一些著名的土特产来。"

于谦不屑一顾地对那些劝他的人说："我没什么事求他，也用不着带礼物去收买他。"可是，劝于谦的人愈来愈多，大家你一言，我一语，令人生厌，于谦辩解道："如果不送礼物，连官都当不成，这官不当也罢。"此语一出，大家都觉得于谦是不识好歹之人，得罪了一大批朋友。时间久了，于谦觉得为王振得罪这些人不值得，等到再有人劝他之时，便不言不语，笑着举起两袖风趣地说："带有清风！"表示自己对那些阿谀奉承之贪官的嘲弄。

于谦曾作过《入京诗》一首："绢帕蘑菇与线香，本资民用反为殃。清风两袖朝天去，免得闾阎话短长。"于谦在诗中指出：这类特产都是供当地人享用的，如果官吏任意搜刮，就是祸国殃民的坏官。并且他又在诗中表明了自己的态度：只有两袖清风随我进京。

大家知道他的这首诗后，都觉得这个人实在是固执得不可救药，便全都不再理睬于谦。而王振知道于谦的为人之后，一方面恨他不将自己放在眼里，另一方面又觉得这个清官肯定有过人之处，如果任意对他处置，将会引起民怨，于是便前怕狼后怕虎地一直也没有对于谦下手。大家看到王振对他也无可奈何，不禁更加佩服这个正直的人。

后人一般用"两袖清风"来形容做官清廉，刚正不阿。

临时抱佛脚

【释义】 原意为年老信佛，以求保佑，有临渴掘井之意，后人称平时无准备而事急时仓促张罗为临时抱佛脚。

【出处】《读经》：垂老抱佛脚，教妻读黄经。

【故事】 古代，在我国云南的南面有一个小国家，地方很小，但是民风淳朴，国民都信佛教。

有一次，一个被判了死刑的罪犯在深夜弄断了锁链和木枷越狱逃跑了。官府发现后，立刻派兵丁差役四处追捕。罪犯逃了一天一夜，已经精疲力竭了，看看后面追兵已近，罪犯知道自己难逃一死，就跑进了一座古庙。看到庙宇里供着一座释迦牟尼的坐像，佛像高大无比，满目威严，罪犯心里一惊，悔恨不已地抱着佛像的脚号啕大哭起来，并不断磕头表示忏悔。

罪犯一边磕头，一边嘴里不停地说："佛祖慈悲为怀，我自知有罪，请求剃度为僧，从今往后，再也不敢为非作歹！"因为过于后悔、悲痛，罪犯很快把头磕破了，弄得满脸都是鲜血。正在这时，追兵赶到了，看到这种情景，竟被罪犯虔诚信佛、真心悔过的态度感动了，便派人去禀告官府和国王。国王笃信佛教，听了奏报后，赦免了罪犯的死罪，让他入寺剃发当了和尚。

后来，这个故事在佛教传播时被带入中原，并简化为"临时抱佛脚"这个成语。今天，"临时抱佛脚"用来形容那些平时不作足准备，事到临头才仓促张罗的人。

临阵磨枪

【释义】 快要上阵打仗的时候才磨刀擦枪，比喻事到临头才匆忙准备，虽起不到更大的作用，但也可以应付应付。临：到，快要。阵：阵地，战场。枪：指梭镖、长矛一类的武器。

【出处】《红楼梦》：临阵磨枪，也不中用！有这会子着急，天天写写念念，有多少完不了的？

【故事】 古代有一个非常懒的士兵，在军营里混日子，不勤练武艺，甚至连打仗用的矛都不擦，结果矛都生锈了。朋友让他至少把矛擦亮，他撇撇嘴说："现在是和平盛世，哪有什么战争，哪用得上兵器。"朋友叹了口气，走了。没过多久，有个王爷造反，皇帝赶紧命令这个士兵所在的军队去平压叛军。懒士兵赶紧去找自己那根生锈的长矛。别人说："快啊！该我们进攻了。"懒士兵说："等等，我在擦矛呢！"结果矛没有擦好，懒士兵就被冲上来的叛军刺穿了胸膛，一命呜呼。

　　因为后来人们在战争中更多使用长枪，就把懒士兵擦矛改为擦枪，成语"临阵磨枪"就由此而来了。再后来，人们又把"临阵磨枪"扩展成"临阵磨枪，不快也光"，意思是事到临头才做准备，虽然有点晚了，但至少也努力了，好歹管点儿用。

洛阳纸贵

【释义】 原意说洛阳的纸由于一时求多于供，货缺而贵，后比喻作品为世所重，风行一时，流传甚广。

【出处】《晋书·左思传》：于是豪贵之家竞相传写，洛阳为之纸贵。

【故事】 洛阳纸贵这个成语来源于历史故事。西晋的左思写了一部《三都赋》，在京城广为流传，人们啧啧称奇，争相抄录，一时间使得洛阳的纸贵了好几倍。其实，左思的《三都赋》并不是一开始就受人赏识的，创作经历颇为曲折，困难重重。如果没有几位伯乐的推荐，《三都赋》怕也只是一堆废纸。

左思，字泰冲，今山东临淄人。他身材矮小、相貌丑陋，说话还结巴，连父亲都看不起他。左思不甘受人鄙视，就开始发奋学习，把所有的精力都用在学习和文学创作上。他读了东汉班固写的《两都赋》和张衡写的《两京赋》，虽然很佩服文中的宏大气魄、华丽的文辞，但觉得二人写的东京洛阳和西京长安的京城气派，虚而不实、矫而不情，于是他决心写一部既反映真实历史，又彰显文笔的作品。

于是，左思开始大量搜集历史、地理、物产、风俗人情等方面的资料。收集好资料后，他闭门谢客，开始苦写。在左思那个书纸铺天盖地的小屋子里，他常常冥思苦想良久才推敲出一个满意的句子，争取笔笔都有着落、有根据，而且文笔优美。十年后，一部凝结着左思全部心血的《三都赋》终于写成了。《三都赋》不仅文笔优美，而且还把三国时魏都邺城、蜀都成都、吴都南京的真实历史故事也写入赋中，可谓是前无古人的开山之作。

可是，《三都赋》刚问世时，并没有人叫好。人们看到作者是无名小辈，根本看都不看一眼。左思非常伤心，但不甘心作品被埋没在庸人的唾沫中，就向当时的大学者皇甫谧求教。皇甫谧看后，认为《三都赋》是难得的奇文佳作，就主动为左思作序。随后，张载等名家也为《三都赋》作了注释。司空张华看了《三都赋》，更是大赞不已，然后推荐给更多的名士，就连最开始看不起左思的著名文学家陆机读了《三都赋》后，也不由得拍案叫绝。

有了这些名家的推崇，《三都赋》很快一传十，十传百，在整个洛阳都引起了轰动。由于当时还没有发明印刷术，诗歌和文章都是靠读者手抄流传的。因为喜爱《三都赋》的人太多，大家争相抄阅，一时之间，京城洛阳的纸张供不应求，全城纸价大幅度上涨。即使如此，洛阳城中的纸后来竟倾销一空，不少人只好到外地买纸，抄写这篇千古名赋。

马首是瞻

【释义】 原意是作战时士卒看着主帅马头的方向决定进退，后比喻听从指挥，追随某人行动，或比喻毫无主见，随他人进退。瞻：看。

【出处】 《左传·襄公十四年》：鸡鸣而驾，塞井夷灶，唯余马首是瞻。

【故事】 春秋战国时期，诸侯雄起。为争夺地盘，诸侯国之间互相征伐，战事不断。一些小国为求自保经常互相联盟，共同抵抗强国。这其中，以晋国为首，联合鲁、齐、卫、郑等国共同抗秦是最常见的联合形式。因为那时秦国雄踞西部，国力强盛，想往东扩展，因此与东边各国之间频频发生战争。

有一年，晋国联合十二个诸侯国再次攻伐秦国，指挥联军的是晋国的大将荀偃。荀偃率领联军向秦进发。到了泾水河边，各国军队见水流湍急，便停止前进，纷纷安营扎寨，谁也不肯先渡河。统帅荀偃急忙召集各国将领、谋士商量此事。大家一致认为，攻打秦国势在必行，因此决定打造船只分批渡河，然后和秦军决一死战。几天以后，船只打造完毕，在鲁国和莒国军队的带领下，各国军队相继渡过了泾水。

秦军见各诸侯国集结军队在泾水河边造船渡河，就暗中派人在泾水上游投放了毒药，毒死了联军的许多人马。郑国军队十分气愤，率先向秦国发动了进攻，各国军队也都跟着郑国出发，一直打到秦国的棫林（今陕西省华县）。

但是，秦军知道联军军心不齐、士气不振，所以面对人数多已方好几倍的联军毫不退缩，仍然顽强抵抗。战斗持续不断，双方军队僵持了很长时间。联军统帅荀偃见联军这么多的人马都打不过人数比他们少得多的秦军，心里非常着急。他一时情急，没有和各诸侯国的将领商量，就下达了一道命令："明天早晨鸡一叫，全军就要驾马套车、填平水井、拆掉炉灶，只许前进，不许后退。大家都要看我的马头行动，我的马跑到哪里，你们就要跟着打到哪里！"

哪知道，一些诸侯国的将领听了荀偃的命令非常反感，其中魏国一个将领栾黡（yǎn）就气愤地说："荀偃的命令太过专权独断，晋国从来没有下过这样的命令，他这样说根本就是不把我们魏国放在眼里！好，他的马头向西，我就偏要向东，现在我就不听他的命令，看他又能怎样！"说完，栾黡掉转马头，率领魏国的军队撤回国去了。其他各国的将领看到这种情况，人心涣散，谁也不跟随荀偃进攻秦国了，联军顿时混乱起来。

荀偃此时后悔不已，他说："我知道自己过于心急，下错命令了，已经追悔莫及。现在军心涣散、人心不齐，将领们都不想作战，士兵也没有一点儿斗志，已经是未战先败了。如果再强行进攻秦国，只会白白牺牲。"于是，只得沮丧地下令撤兵回国。

买椟还珠

【释义】 买下木匣，退还了珍珠，比喻没有眼光，取舍不当。椟：木匣子。

【出处】《韩非子·外储说左上》：楚人有卖其珠于郑者，为木兰之柜，熏以桂椒，缀以珠玉，饰以玫瑰，辑以翡翠，郑人买其椟而还其珠。此可谓善卖椟矣，未可谓善鬻珠也。

【故事】 楚国有一个珠宝商人，有很多珍珠。一天，他把其中一颗最贵重、最漂亮的珍珠拿出来，准备卖一个好价钱。好马得配好鞍，于是珠宝商人请一位手艺高强的工匠为珍珠量身定做了一个精美的盒子，并在盒子的外面精雕细刻了许多好看的花纹，还镶上了漂亮的金属花边。盒子看上去小巧可爱，实在是一件精致美观的工艺品。最后，楚国商人还用香料把盒子熏得香气扑鼻。一切准备妥当，楚国商人才把珍珠小心翼翼地放入盒子中，拿到市场上去卖。

楚国商人刚把装有珍珠的盒子放在摊位上，就引来很多人观赏。"哇！这盒子简直太漂亮了。"很多人都这么说。其中一个郑国人将盒子拿在手里观摩了半天，这里看看，那里摸摸，真是爱不释手，终于出了高价。

郑人交过钱后，便拿着盒子走开了。可是不一会儿，郑人又回来，楚国商人以为他后悔了，刚想说什么，郑人已走到摊位跟前，对楚国商人说："先生，您将一颗珍珠忘在盒子里了，我特意回来还给你。"说完，郑人打开盒子，把里面的珍珠取出来还给了楚国商人，然后美滋滋地拿着精美的盒子离开了。

楚国商人手捧着被退回的珍珠，十分尴尬地愣在那里，哭笑不得。他原本以为别人欣赏的是他的珍珠，可是没想到精美的盒子远远超过盒内珍珠的价值。

这个故事中，郑人固然不应该只重外表，而没有考虑到其内在实质的重要性，做出舍本逐末的不当取舍。然而，楚人的过分包装，也导致了盒子喧宾夺主，珍珠的光彩被掩盖，让人觉得可笑。后来，人们就用"买椟还珠"来概括这个故事，比喻人没有眼光，不识货，或取舍不当。

名落孙山

【释义】 考试或选拔未被录用。

【出处】 《过庭录》：吴人孙山，滑稽才子也。赴举他郡，乡人讬以子偕往。乡人子失意，山缀榜末，先归。乡人问其子得失，山曰："解名尽处是孙山，贤郎更在孙山外。"

【故事】 中国科举考试制度，从隋朝开始，到清朝结束，一共施行了一千三百年左右。

科举考试分四步：第一步首先要取得生员（又称秀才）的资格，参加这种资格考试的人不论年龄大小都称童生；第二步参加乡试，乡试又称秋闱（闱指的就是考场），一般在秋天举行，每三年举行一次，主考官由皇上委派，考中了就叫中举；第三步参加会试，这是在京城举行的考试，时间一般定在春天，因而又称春闱，考试由礼部主持；第四步参加殿试，这是最高级别的考试，由皇帝亲自验卷，所以称为殿试，录取者为进士或进士出身、同进士出身。进士第一名称状元，第二名称榜眼，第三名称探花。考中了进士，才真正有了做官的资格。那时候的读书人要想做官施展自己的抱负，通常都得参加科举考试。

宋代有个叫孙山的秀才，性格开朗、幽默诙谐，常常一句话就逗得人们开怀大笑，大家都非常喜欢他，称他为滑稽才子。一年秋天，孙山跟许多读书人一样，到省会去参加乡试。临行前，村里有位乡亲将儿子托付给孙山，让他带着儿子一同去赶考，照顾一下。

放榜的日子到了，考生们一大早就把贴榜的地方围得水泄不通。孙山好不容易挤了进去，从上往下看，越来越心凉，"难道自己没考上？"孙山心里一边七上八下地想着，一边继续往下看。终于，在最下面的位置发现了自己的名字，他不由松了一口气。虽说是倒数第一名，好歹也算中举了。不过，老乡的儿子却榜上无名。

十载寒窗苦读，终于小有收获，孙山高高兴兴地回到家乡。他的那位乡亲闻讯前来，问孙山："我儿子考中了还是没考中？"孙山见老乡如此关心儿子，怕说了实话他太失望，但又不好意思骗他。他的眼睛习惯地转了一圈，想起当时人们耳熟能详的欧阳修《踏莎行》的最后两句词："平芜尽处是春山，行人更在春山外。"于是孙山当下灵机一动，摇头晃脑地套改了欧阳修的名句，说："解名尽处是孙山，贤郎更在孙山外。"

解元是科举制度所规定的举人第一名，孙山是举人里的倒数第一名，老乡的儿子还在孙山的后面，自然是榜上无名了。孙山真不愧为名副其实的滑稽才子，以这种诙谐的方式委婉地告诉那位乡人，他的儿子这次落榜了。

从此以后，人们把参加各种考试没有被录取的情形，称为"名落孙山"。

明珠暗投

【释义】 比喻珍贵的物品落在不明其价值的人的手中，得不到赏识或珍爱，亦比喻有才能的人得不到重用或误入歧途。

【出处】《史记·鲁仲连邹阳列传》：臣闻明月之珠，夜光之璧，以暗投人于道路，人无不按剑相眄者。何则？无因而至前也。

【故事】 西汉时期，有一位很有名望的文学家叫邹阳，以文辩闻名于世。就如很多文人骚客一样，邹阳也是一位品行耿直、不懂趋炎附势的真君子。邹阳最初为吴王刘濞手下的门客，得知刘濞准备阴谋叛乱后，他极力上书谏止这件事，引起吴王的猜忌与反感。为了免遭吴王的迫害，邹阳只好离去，投奔到梁孝王的门下。

邹阳"为人有智略，慷慨不苟合"，后被人诬陷入狱，险被处死。他在狱中上书梁孝王，表白自己的心迹。梁孝王见书大悦，立刻释放他，并尊为上客。

初到梁孝王府，邹阳因为才华出众，颇受梁孝王重用。但由于他为人过于耿直，不会阿谀奉承、讨好权贵，很快又引起一些人的不满。探得梁孝王刘武有夺取皇位之意，邹阳再次极力劝阻，反复陈其要害，惹得梁孝王不快。当时正受梁孝王重用的羊胜、公孙诡等大臣，看到主公开始冷落邹阳，就趁机落井下石，轮番在孝王面前说邹阳的坏话。三人成虎，众口铄金，说的次数多了，梁孝王就对谗言信以为真，一气之下将邹阳打入监牢。

本来满怀希望和抱负投奔到梁孝王门下，不想竟遭此陷害，邹阳非常抑郁。他并不怕死，但如果因为这样被误解而治罪，含冤死去，邹阳又不甘心。他在狱中茶饭不思，度日如年。终于，有一天，狱中的邹阳充满激愤地上书梁孝王，陈述了自己的一片忠心，批驳了那些想要置他于死地的奸佞之人。

邹阳的信辗转到了梁孝王的手中，梁孝王看到其中一段话后非常感动。那段话就是"我虽然是个愚人，但也知道这样一个事实：明珠和璧玉，本是众人至爱的珍宝，可若是在黑夜里将它们抛掷在路人的身上，人们非但不会将它们视若珍宝，反而会对它们怒目而视，怪它们砸了自己；相反，一些盘根错节的破木头做成车子后却能被显赫的人物看重。这是为什么呢？因为明珠如果随随便便就弄到手了，没有经过任何的修饰，就显现不出它的高贵品质；而朽木加上些点缀，雕上花纹，就会显得高贵华丽。人也是一样，哪怕像珠玉那样品质高洁，但若没人引荐，也不会受到别人的重视，甚至还会结下仇怨；若是有人大力推荐，那么即使是才能平平的人，也会显得高人一等。由此看来，布衣百姓，即使有尧舜的治国之道，像伊尹、管仲那样才华横溢，如龙逢、比干那样忠心耿耿，但若没有人在国君面前替他们美言，他们也无法施展才华为国家效力啊！"

明珠暗投 **145**

孝王认真地读完邹阳在狱中的慷慨陈书，深受感动，立即下令释放了邹阳。后来汉景帝听从大臣爰盎的建议，立七岁的刘彻为太子，就是后来的汉武帝。羊胜、公孙诡为梁孝王献谋，派人刺杀爰盎。景帝追查凶手，梁孝王不得不令二人自杀以谢罪。从那以后，梁孝王更是把邹阳敬为上宾。

目不识丁

【**释义**】 连极为简单的"丁"字也不认识,形容不识字或文化水平太低。

【**出处**】《旧唐书·张弘靖传》:今天下无事,汝辈挽得两石力弓,不如识一丁字。

【**故事**】 人们通常用目不识丁来形容一个人是文盲。的确,"丁"字是最简单的汉字之一,如果一个人连"丁"字都不认识,那肯定是文盲了。不过,据学者考证,"目不识丁"这个成语可能是人们以讹传讹的结果,可能当初并不是这样的。说起这个成语来源,还要从出身于三相张氏之家的唐朝宰相张弘靖身上说起。

张弘靖是唐朝宰相张延赏的儿子,宪宗年间,他子承父业,也当上了宰相。安史之乱后,唐穆宗派他去治理幽州(今河北、辽宁一带)。然而,张弘靖出身于世家,一向过着养尊处优的日子,刚到幽州时,他还和在家里时一样,出门的时候坐在装饰华丽的轿子里，前后左右都是侍卫和仪仗人员，排场很大。张弘靖的脾气暴躁，凡事听不进别人的意见，稍有不顺心的事情就爱骂人，经常讽刺和挖苦别人，更是瞧不起当地的百姓和士兵。

有一次，他召集所有的士兵训话，当着将领们的面讽刺士兵说："现在天下太平，你们这些当兵的还有什么用处呢？你们天天拉两石的弓，还不如识一'丁'字呢！"士兵们听到他这样说，感觉受到侮辱，非常气愤，但却不敢言语。

过了一段时间，张弘靖贪污朝廷犒赏将士的钱财的丑行被揭发了出来。将士们再也忍不住了，他们在当地老百姓的支持下闯进了张弘靖的家里，将他捉住并关押了起来。这件事情惊动了朝廷，后来张弘靖被降职并且调离了幽州。

读完这个故事之后，你肯定会产生疑问：张弘靖说"不如识一'丁'字"，怎么不说识一个"人"字或者直接说"一"字呢，这些字都比"丁"字简单啊！

后来宋朝有一个叫孔平仲的人，很有才华，他经过了一段时间的考证，指出了这里边的错误，他认为"一丁字"应作"一个字"，因为篆文"丁"字与"个"字相似，所以人们误读为"丁"字。他的著作《续世说》里记载了这个观点。学者洪迈也支持孔平仲的这种见解，他认为丁字只是人们的误传罢了。到了清朝的时候，学者王玉树也强调：篆文"丁"和"个"相似。实际上，简体的"个"字到清朝才开始使用！

故事讲到这里，问题显然已经明白了，唐书的原文如果是"不如识一丁字"，不仅意思不够通顺，而且不管用什么字替代都很牵强，只有说"一个字"才最为妥当。如此看来，成语"目不识丁"真的是以讹传讹的谬误。

南柯一梦

【释义】 形容一场大梦，或比喻一场空欢喜。南柯：南面的大树。

【出处】《南柯太守传》中关于淳于棼的故事。

【故事】 唐朝时，有个叫淳于棼的人，家中富有，但他豪爽嗜酒，经常与群豪在他家南面的一棵古槐下饮酒。有一天，他与朋友痛饮后带着醉意坐在根深叶茂的大槐树下歇凉，不觉沉沉睡去。树影婆娑，晚风习习，怎一个惬意了得！

没想到，这一睡就做了个美梦。

梦中，淳于棼到了大槐安国，正在紧张地进京赴会试。他的应试诗文写得特别顺手，发榜时竟然拔得头筹。接着在殿试时，皇帝见淳于棼生得一表人才，举止文雅，不仅钦点他为状元，还把公主许配给他为妻，择日完成大婚。

在与公主风光大婚之后，淳于棼夫妻二人感情十分美满。不久，淳于棼被派往南柯郡任太守，一待就是二十年。他在任期间属下各县的县令不敢胡作非为，到处一派祥和，老百姓们对这个父母官都交口称赞。皇帝听闻淳于棼把南柯郡治理得非常好，为表彰其功，给淳于棼连着升了好几级官，还赏给他很多金银珠宝。

如此安乐的日子过了很久，有一年，敌兵入侵，大槐安国的将军率军迎敌，几次都被敌兵打得溃不成军。战败的消息传到京城，皇帝震怒，要大臣们火速选出一个人去前线。文武群臣一起商量对策时，都面如土色，你看我，我看你，生怕被皇帝派去一线攻打敌军。

不知是谁先大声提议："淳于棼实在是一个上上之选。"于是，皇帝便命人将他调回京城，给了他三万精兵，让他与敌军一决雌雄，必须打一个漂亮的胜仗来安定军心。淳于棼接到圣旨之后，丝毫不敢耽搁，马上率兵出征。然而要命的是，他对兵法一无所知，甚至连最基本的调兵遣将之法都一头雾水，结果他的士兵被杀得丢盔弃甲、东逃西散，他也差点儿被俘。

皇帝震怒，下令撤掉淳于棼的职务，遣送回家，永世不得入朝。淳于棼气得牙直痒痒，他好好的一个文官，何以会武将的本领，不禁大叫一声。这一叫不要紧，把自己从梦中惊醒过来，抬眼看到天上的星星在闪，院子里晚风习习。此时，他才明白，原来一切只是一场梦而已。

后人一般用"南柯一梦"来形容不切实际的空想。

南辕北辙

【释义】 想往南去而驾着马车却向北行，比喻行动和目的正好相反。

【出处】《战国策·魏策四》

【故事】 战国后期，魏国国君魏安釐（xī）王想出兵攻伐赵国首都邯郸，以便壮大魏国。正在奉命出使邻邦的谋臣季梁听到这个消息，立刻半途折回，衣服也没换，脸也来不及洗，风尘仆仆赶来求见魏安釐王，劝阻伐赵。

季梁没有上来就说伐赵的害处，而是先给魏安釐王讲了一个故事。季梁说，他回来的路上，看到一个人坐着马车朝北而行，就问他："你要去哪里啊？"那人回答说："我要去楚国。"季梁觉得很奇怪，就说："楚国在南方，你为什么朝北走呢？"那人回答说："不要紧，我的马跑得非常快。"季梁更觉得纳闷了，就说："马好也不管用啊，朝北不是到楚国该走的方向。"那人又说："我的路费多着呢！"季梁又跟他说："路费多也不济事，这样到不了楚国。"那人还是坚持说："没关系，我的马夫最会赶车了。"

然后，季梁对魏安釐王说："马夫越会赶车，他们就离楚国越远了。而今，大王要成就霸业，一举一动都要取信于天下，方能树立权威。如果仗着自己国家大、兵力强，动不动就进攻他国，不仅不利于树立威信，还恰恰就像那个要去南方的人反而朝北走一样，只能离成就霸业的目标越来越远。"季梁用南辕北辙的故事，形象生动地说明了魏安釐王的行动与他的目的背道而驰的道理，成功让魏安釐王打消了攻打赵国的想法。

无论做什么事，都要首先看准方向，才能事半功倍；如果方向错了，那么所有有利条件只会起到相反的作用。因此，后人就用"南辕北辙"来形容一个人的行动和目标相反，反而会适得其反，"南辕北辙"和另外一个成语"背道而驰"意思类似。

宁为玉碎，不为瓦全

【释义】 宁做玉器被打碎，不做泥瓦得保全；比喻宁愿保持高尚的气节死去，也不愿受屈辱活着。

【出处】《北齐书》卷四十一元景安传：大丈夫宁可玉碎，不能瓦全！

【故事】 在古代，臣子犯错有株连宗室的陋习。君主为了巩固自己的统治，要消灭一切能够对他造成威胁的人，包括其子女、宗室，所有人都会被处死。"宁为玉碎，不为瓦全"的故事就发生在这样的朝代——北齐。

北朝的大将军高洋逼迫东魏孝静帝退位，自己建立北齐之后，担心自己的统治不能长久，于是痛下杀手，把孝静帝和他的三个儿子都杀了。可是这样他还是不安心，很害怕自己的统治被推翻。有一天，天空出现了日食，他担心这是不祥的兆头，于是找了一帮亲信来商议。他问自己的亲信，西汉末年王莽篡夺了刘家的天下，而光武帝刘秀为什么又能够夺回来？亲信回答不出，就随意说是因为王莽没有赶尽杀绝，斩草除根。高洋听信了此话，把东魏的宗室近亲都杀了，连小孩子都没放过。

高洋的这种行为，使东魏宗室的远房宗族都很害怕，担心他们有一天也会被杀掉，于是大家决定商量一个对策出来。有一个县令出主意说改为高姓，不再姓元。他的堂兄元景皓反对这样做，他说：靠改姓来苟且偷生是无论如何不能接受的，大丈夫应该宁为玉碎，不为瓦全，宁可高贵地死去，也不愿屈辱偷生。后来，元景皓因为兄弟元景安的告密而被处死。但高洋也于三个月后病死。十八年后，北齐宣告灭亡。

"宁为玉碎，不为瓦全"这个成语常常用来形容一个人处于绝境之下，毅然为了大义而献出自己的生命的悲壮场面和崇高气节。

弄巧成拙

【释义】 本想耍弄聪明做得好些，结果做了蠢事或把事情搞得更糟。

【出处】 ①《五灯会元》：适来弄巧成拙。

②《拙轩颂》：弄巧成拙，为蛇画足。

【故事】 孙知微是北宋时期的一位画家，很擅长人物画。有一次，他受成都寿宁寺的委托，画一幅《九曜星君图》。于是他仔细用笔勾好图，画中的人物栩栩如生，让人觉得这些人物各个衣带飘飘，神采飞扬。就剩最后一道着色工序的时候，有位朋友请他去饮酒。想到朋友也是一番好意，而且他认为可以把最后一道工序交给徒弟处理，于是孙知微决定去喝酒。

他放下笔，将画仔细看了几遍，对自己的作品还算满意，便对弟子们说："这幅画的线条我已全部画好，只剩下最后的着色了。

你们一定要小心，不要把颜色着错了，我有事，需要去朋友家一趟，回来时希望你们已经把这幅画的颜色画好了。"

他走后，弟子们都围着画，反复欣赏老师用笔的技巧和总体构图的绝妙之处，边看边交流心得。

一个徒弟说："你看师傅笔下的水德星君神态多么逼真，长髯飘洒，不怒而威。"

另一位徒弟说："菩萨脚踩的祥云紫绕，这才是真正的神姿仙态啊，让人不由得肃然起敬。"

孙知微有一个叫童仁益的弟子，平时就自以为很聪明，喜欢哗众取宠，显示自己的与众不同。就在大家对这幅画称赞不绝的时候，只有他一个人装腔作势地一言不发。

有人就问他："你为什么不谈谈自己的看法，莫非你觉得这幅画不够完美？"

童仁益故弄玄虚地说："挨着水德星君的童子神态是很传神，只是他手里拿的水晶瓶我老觉得少了点儿什么。"

众弟子都说："没觉得少什么东西。"

童仁益却说："你们不记得老师每次画瓶子，瓶中总会画一朵鲜花，可这次却没有。是不是因为着急出门，所以没来得及画，我们替他画上再着色吧。"

童仁益说完，还没等别人说什么，就自作主张地在瓶口画了一枝娇艳的红莲花。

等孙知微从朋友家回来去看画的着色时，却发现童子手中的瓶子里多出一枝莲花，他哭笑不得地说："这是谁干的蠢事，若只是画蛇添足就算了，这简直就是弄巧成拙。童子手里拿的瓶子，是水德星君降服水怪时用的镇妖瓶，你们给添上莲花，这不把宝瓶变成了普通的花瓶了吗？让内行看到岂不成了天大的笑话。"说着，就把这幅画撕了个粉碎。大家都看着童仁益，童仁益只好默默低头不语。

庖丁解牛

【释义】 比喻经过反复实践，掌握了事物的客观规律，做事得心应手，运用自如。庖丁：厨师。解：肢解分割。

【出处】《庄子·养生主》：庖丁为文惠君解牛，手之所触，肩之所倚，足之所履，膝之所踦，砉（xū）然响然，奏刀騞（huō）然，莫不中音。

【故事】 一天，名厨庖丁被请到文惠君府上为他剖牛。只见庖丁用手按着牛，用肩靠着牛，用脚踩着牛，用膝盖抵着牛，动作宛如行云流水，熟练自如。当庖丁将屠刀刺入牛身时，那种皮肉与筋骨剥离的声音，与庖丁运刀时的动作互相配合，宛如琴瑟和鸣，显得那样和谐一致，美妙动人。他那剖牛时的动作，就像踏着乐曲《桑林》的节奏，翩翩起舞；解牛时发出的声响，就像是《经首》的合音，非常合拍。

剖牛这么粗暴的事情，由名厨庖丁来做，竟然显得那么流畅自如，优美动人，站在一旁的文惠君早就看呆了。等到他看到庖丁恭恭敬敬地待在那里等他下一步指示时，文惠君禁不住高声赞叹道："啊呀！你简直太了不起了！剖牛的技术怎么能这么高超呢？"

庖丁立刻向文惠君拱手道："谢谢国君赞誉。我做事情喜欢探究其中的规律，这可能是我比一般人技术更高一筹的原因吧！我刚开始学剖牛时，因为不了解牛的身体构造，眼前所见无非就是一头头庞大的牛。等我的剖牛生涯过了三年后，我对牛的构造已经完全了解了。现在，我剖牛时出现在眼前的就不再是一整头牛了。即使不用眼睛去看，我也知道牛的什么地方可以下刀，什么地方不能下刀。我随意挨着牛的身体，就可以娴熟自如地按照牛的身体构造，将刀直接刺入其筋骨相连的空隙之处，利用这些空隙便不会使屠刀受到丝毫损伤。我连骨肉相连的部件都不会去碰，更别提去碰大的骨头了。一个技术高明的厨师因为是用刀割肉，一般一年需要换一把刀；技术平平的厨师则是用刀去砍骨头，所以他们一个月就要换一把刀；而我的这把刀已经用了十九年了，肢解过的牛不下千头，可是刀口还像刚在磨刀石上磨过一样锋利。"

文惠君问："这是为什么呢？"

庖丁顿了一下，继续解释说："因为牛的骨节处都有空隙，如果你能精确地找到这些空隙，而且刀口又很薄，就可以用很薄的刀锋插入牛骨的间隙中，自然显得宽绰而游刃有余了。所以，我这把用了十九年的刀还像刚磨过的新刀一样。尽管如此，我遇到筋骨交错的地方也常常感到难以下手，这时我就要特别警惕，瞪大眼睛，放慢动作，用力要轻，找到关键部位，一刀下去就能将牛剖开，使其像泥土一样摊在地上。剖牛完毕，我提着刀站立起来，环顾四周，

庖丁解牛　159

不免感到志得意满，浑身畅快。然后我就将刀擦拭干净，置于刀鞘之中，以备下次再用。"

　　文惠君听了庖丁的这一席话，连连点头，若有所悟地说："好啊，我听了你的这番金玉良言，还学到了不少修身养性的道理呢！"

匹夫之勇

【释义】 不用智谋，单凭个人的勇气。匹夫：古代指平民中的男子，泛指平民百姓。

【出处】《国语·越语上》：吾不欲匹夫之勇也，欲其旅进旅退。

【故事】 "力拔山兮气盖世，时不利兮骓不逝。骓不逝兮可奈何，虞兮虞兮奈若何！"西楚霸王项羽的悲惨结局，让无数人为之扼腕叹息。就连《史记》的作者司马迁也称赞他说："虽然最后他失去了霸主的地位，但是他的功绩伟业，近古以来还没有人能做到。"但是，一个人的力量怎么能抵得住千军万马呢？所以，韩信曾评价项羽为匹夫之勇。

刘邦做了皇帝以后，在洛阳的宫殿里摆设筵席宴请群臣。酒至酣处，刘邦举杯长吟道："我之所以能够成功，顺利取得天下，是因为我知道每个人的特长，并且也懂得如何让他发挥长处。"然后，他问旁边的韩信对自己的看法。

韩信回答说："大王您很清楚自己和部下各方面的才能与长处。您其实心里明白，说到机智与才华，也许您稍逊于项王，但是我曾经在项王的部下待过一段时间，对他的性情、作风、才能了解得比较清楚。项王虽然勇猛善战，一人可以打倒千人，但是却不知道如何用人。因此一些优秀杰出的贤臣良将虽然在他手下，可惜都没能好好发挥各自的专长。所以项王虽然很勇猛，却只是匹夫之勇，做事不懂得深谋远虑、三思而行。而大王您任用贤士勇将，把天下分封给有功劳的将士，使人心悦诚服，所以天下终将成为大王您的。"

只有匹夫之勇的人，只能是一个将才，却不能成为一个君王。所以，项羽之所以失败，并不是他不肯坐船去江东，而是因为他太注重自己一个人的力量，过于把所有的任务都大包大揽到自己身上，而不懂得用人。而春秋时的越王勾践就非常懂得让士兵不要只逞匹夫之勇，而要他们形成一个联盟，共同进退，终于灭掉了吴国。

话说，越王勾践被吴王夫差打败，在吴国被囚禁三年，做夫差的仆人，受尽了耻辱。勾践为了复仇，卧薪尝胆，韬光养晦，让夫差误认为他很顺良，没有威胁性，将他放回越国。

回到越国后，勾践励精图治，立志复国。十年过去了，越国国富民强，兵马强壮，将士们向勾践请战："君王，越国的民众敬爱您就像敬爱自己的父母一样。现在，儿子要替父母报仇，臣子要替君主报仇。请您下命令，让我们与吴国决一死战。"

勾践答应了将士们的请战要求，把军士们召集在一起，向他们表示决心，还说："我听说古代的贤君不为士兵少而忧愁，只是忧愁士兵们缺乏自强的精神。我不希望你们不用智谋，单凭个人的勇敢，而希望你们步调一致，同进同退。前进的时候要想到会得到奖赏，后退的时候要想到会受到处罚。这样，你们就会得到应有的赏赐。进不听令，退不知耻，会受到应有的惩罚。"

到了出征的时候，越国的人都互相勉励。大家都说，这样的国君，谁能不为他效死呢？由于全体将士斗志高昂，越王勾践终于打败了吴王夫差，灭掉了吴国。

现在，人们用"匹夫之勇"来形容一个人勇气有余而智谋不足，难成大事。

破釜沉舟

【释义】 比喻下决心不顾一切地将事情做成。

【出处】《史记·项羽本纪》：项羽乃悉引兵渡河，皆沉船，破釜甑，烧庐舍，持三日粮，以示士卒必死，无一还心。

【故事】 秦二世胡亥上台后，残忍地杀害自己的兄弟姐妹和无数忠臣，独断专权，以酷法治民，弄得人民颠沛流离，怨声载道。陈胜、吴广在大泽乡带头揭竿而起，各地义军纷纷响应。其中，项羽和其叔父项梁也在这时起兵。

项梁在吴中威信很高，这里的贤能人士的本领都在项梁之下，且项家又世代为楚将，所以各地的楚军将领纷纷归附项梁、项羽。在项家军和秦军交战初期，项梁率大军在山东、河南一带连续击败秦军，打了好几个胜仗，项羽还杀了秦朝丞相李斯的儿子李由。自此，项梁和项羽的名声越来越大，各地义军纷纷来投靠。但后来秦军得到增援，秦国勇将章邯在定陶一带大败楚军，项梁战死，项羽、刘邦、吕臣等率部只得撤退。

章邯击破楚军后，以为楚地的战事可以告一段落了，便决定一鼓作气，率领士气高涨的秦军横渡黄河，继续北进攻击赵地。那时赵歇为赵王，陈余为将，张耳为相，退入巨鹿固守。楚王以宋义为上将军，项羽为次将，率领楚军前去救赵。

楚军行至安阳（今山东省曹县东）地段，宋义忽然下令停驻不进，直等了四十六天。项羽忍耐不住，就催促宋义快快渡河，和赵军里应外合，打垮秦军。宋义不同意，说要等秦军打得疲劳时，才能有机可乘。然后他也不看项羽，冷冷地说："冲锋陷阵，我不如你；筹谋策划，你不如我！"当时已经是阴历十一月份，北方天气寒冷，下起了雨夹雪，楚营里军粮接济不上，士兵们忍受饥寒，而宋义只顾自己吃喝，毫不在意士兵的冷暖。

项羽非常气愤，回到自己营中来回踱步，恨恨地说："现在军营里没有粮食，士兵们都在忍饥挨饿，但是上将军却按兵不动，只管自己饮酒作乐。这样不顾国家、不体谅兵士，哪里像个大将的样子！"第二天开朝会的时候，项羽拔出剑就把宋义杀了。他提起宋义的头，对将士们说："宋义背叛大王，我奉大王的命令，已经把他处死了。"

将士们大多是项梁的老部下，项梁死了，他们都以项羽马首是瞻，宋义在将士中本来就没有什么威望。现在大伙见项羽把宋义杀了，都表示愿意听从项羽指挥。项羽杀了宋义之后，立刻开始渡河援赵计划。

公元前 207 年冬，项羽先派部将英布、蒲将军率领两万人做先锋，渡过漳水，援救巨鹿，初战告捷。然后，项羽率领主力渡河。他命令将士们每人只准带三天的干粮，而且把军队里做饭的锅全砸了，把渡河的船全凿沉了。项羽对将士们说："这次打仗，有进无退，三天之内，一定要击败秦兵！"

看到主将破釜沉舟、只能胜不能败的决心和勇气，将士们受到了极大的鼓舞。楚军的士气振奋，越战越勇，很快把秦将王离的军队包围起来，切断了秦军的后路。楚军士兵以一抵十、以十抵百，经过九次激烈战斗，终于大获全胜，活捉了王离，其他的秦军将士有被杀的，也有逃走的，巨鹿的秦军就这样瓦解了。

巨鹿之战的胜利，是古代以少胜多的著名战役之一，也是项羽"破釜沉舟"故事的由来。巨鹿之战后，各路义军皆拜伏在项羽面前。从那时起，项羽威名远播，成为反秦义军中公认的首领。

扑朔迷离

【释义】 原指难辨兔是雄是雌，比喻辨认不清是男是女，后来形容事情错综复杂，不容易看清真相。扑朔：扑腾，乱动，指兔脚搔爬。迷离：眼睛眯起，形容兔眼半闭。

【出处】《乐府诗集·木兰诗》：雄兔脚扑朔，雌兔眼迷离，双兔傍地走，安能辨我是雄雌？

【故事】 古时候，有个女孩叫花木兰，她是个非常勤劳孝顺的姑娘。木兰织得一手好布，每天她总是天刚刚亮就把自己关在织房里精心地纺线织布。

然而有一天，她却一直留在自己的闺房，坐在窗前叹气。她的母亲觉得很奇怪，就问她有什么心事。

木兰在母亲的一再追问下，不得不说："没有什么心事，只是昨晚看见皇帝发布的征兵文书，那上面有父亲的名字。父亲的年纪大了，已经禁不起征战的辛劳；弟弟年龄又小，不能代替父亲从军。女儿我为这件事着急。"停了一会儿，木兰又说："我从小跟父亲练就一身好武功，可以替父亲去从军。"

母亲为难地说："可你是个女子，怎么能去从军呢？"

木兰坚定地说："我有办法。"

征期到了，花木兰女扮男装告别了父母，随大军到边塞作战。

战争中，木兰表现得很勇敢，立下了很多战功。经过十多年的艰苦战斗，战争终于结束，花木兰胜利归来。皇帝要赏给木兰很多钱物，并封她为尚书郎。但是木兰说："感谢皇上恩典，但我不想做官，只求皇上允许我回到故乡与父母团聚。"于是皇上答应了木兰的请求。

木兰回到家，立刻到自己房里，换上女子穿的衣服，梳好辫子，戴上花，变回女子之身走出来。送木兰回来的同伴们一见，都十分吃惊地说："哎呀，同行这么多年，怎么不知你是个女子。"

后来有人为此写了一首《木兰诗》，诗的最后几句是："雄兔脚扑朔，雌兔眼迷离。双兔傍地走，安能辨我是雄雌？"意思是：提着兔子的耳朵悬在半空时，雄兔两只前脚时时动弹，雌兔两只眼睛时常眯着，所以容易辨认。如果两只兔子贴着地面并排跑，谁能分辨出哪只是雄兔、哪只是雌兔呢？

七窍生烟

【释义】 形容气愤或焦急到极点。七窍：指两耳、两眼、两鼻孔和口。

【出处】 《西游记》：忽闻此言，吓得三尺神散，七窍生烟。

【故事】 隋朝末年，隋炀帝主政，暴乱荒淫，奸臣当道，导致天下大乱，群雄割据。唐公李渊和瓦岗寨群雄，在当时是势力最为强大的两股力量。据《隋唐演义》记载，隋炀帝派邱瑞与宇文成龙带兵攻打瓦岗寨，但却中了瓦岗寨军师徐茂公之计，先锋宇文成龙被瓦岗寨众人杀害。

徐茂公将宇文成龙杀死之后，命人将其首级斩下，拌上石灰放在竹箱之内，并附上模仿邱瑞字迹所写的书信一封，一同送到丞相宇文化及府中，并要求送信之人一定要亲自将信交到宇文化及的手中。那封书信的内容是这样的："你儿子恃功，不把我元帅放在眼里，屡次违我军令。今日，我已经把他斩首，现把人头奉上，特此告知。"宇文化及看完这封信之后，号啕大哭，破口大骂，随即便入朝去参邱瑞一本，将人头与书信都拿给隋炀帝看。隋炀帝看信后即刻大怒，下旨派人前去捉拿邱瑞的家属，全家格杀勿论，但此时邱家早已空无一人。

宇文化及认为邱瑞已投降瓦岗寨，请求隋炀帝立即派人前去邱瑞营中，命他自尽以谢罪。隋炀帝听之信之，即刻派官一人、校尉四人，直奔邱瑞营中，要求邱瑞自尽以敬宇文成龙的在天之灵。

另一边，邱瑞之子邱福却来到营中，拜见父亲。邱瑞连忙问道："你不是已经被抓了吗，为什么还能来到这里？是不是全家都已被害，只剩你一人？"邱福说道："不是的，爹爹，您不要着急，这是瓦岗寨徐茂公的计策，要您归顺投降。现在家人在瓦岗寨都被妥善安顿，于是叫孩儿来奉请您。""皇帝那边要怎么办呢？"邱瑞问道。邱福说了一句："昏君无道。"之后便再也不发一言。

邱瑞听了邱福的话之后，急得七窍生烟，却也主意全无，除了归顺之外，已无他法，只得准备收拾行装，跟着邱福奔赴瓦岗寨。这时，隋炀帝派的使臣刚好也来到帐中。邱瑞接了圣旨之后发现竟是要他自尽，大怒之下，杀了使臣。杀掉使臣之后，邱瑞长叹一声，说道："我一直为你尽忠，你却为了谗言要我自尽。今日，我只好与你恩断义绝。"于是，邱瑞要邱福先去通报，随即带领十五万人马，全部归降了瓦岗寨，自此与瓦岗寨生死与共。

后人一般用"七窍生烟"来形容气愤到了极点，暴怒不已，不可收拾。

奇货可居

【释义】 指把珍稀的货物囤积起来，等待高价出售。比喻拿某种专长或独占的东西作为资本，等待时机，以捞取名利地位。

【出处】 《史记·吕不韦列传》：吕不韦贾邯郸，见（子楚）而怜之，曰："此奇货可居。"

【故事】 战国时期卫国商人吕不韦很善于经商，他周游列国，以低价进货，高价卖货，积累了千金的资产。有一次，吕不韦到赵国的都城邯郸做生意时，偶然发现一个气度不凡的年轻人从街上走过，觉得很惊奇，他断定此人非富即贵，绝非池中之物。看到吕不韦惊讶的表情，就有人告诉他说："此人是秦昭王的孙子，秦国太子安国君的儿子，叫异人，正在赵国当人质。"

当时，秦赵两国经常交战，因此赵国就不再对异人以礼相待，反而有意降低异人的生活标准。所以，异人生活十分困窘，甚至天冷时连件御寒的衣服都没有。吕不韦弄清楚事情的来龙去脉之后，立刻想到在异人的身上投资会换来难以计算的利润，便不禁自言自语地说："此奇货可居也。"意思就是他想把异人当作一件奇货储藏起来，等候机会，"卖"个大价钱。

吕不韦回到寓所，问他父亲："种地能获多少利？"父亲答曰："十倍。"吕不韦又问："贩运珠宝呢？"父亲又答曰："百倍。"吕不韦转过身，面向窗外的天空，低沉但又坚决地问："那么把一个失意的人扶植成国君，掌管天下钱财，会获利多少呢？"吕不韦的父亲吃惊地看着儿子，良久，老爷子摇摇头说："那可没办法计算了。"吕不韦听出父亲支持的意思，决定要做这笔大生意。

首先，吕不韦拿出一大笔钱，买通监视异人的赵国官员，结识了异人。他对异人说："我能光大你的门庭。"异人笑着说："你姑且先光大自己的门庭，然后再来光大我的门庭吧！"吕不韦说："你不懂啊，我的门庭要等待你的门庭光大了之后才能光大。"异人心知吕不韦所言之意，就拉他坐在一起深谈。吕不韦说："我想办法让秦国把你赎回去，然后立你为太子，那么你就是未来的秦国国君了。不知你意下如何？"异人又惊又喜地说："那是我求之不得的好事，真有那一天，我一定会重重地报答你。"

在和异人交往期间，吕不韦曾极其宠爱一个姿色上好的舞女，异人无意中看到此女后，就请求吕不韦把此女赐给他。吕不韦很生气，但转念一想，已经为异人破费了很多资产，为的就是借以钓取奇货，于是就忍痛献了此女给他，即赵姬。

吕不韦后来到秦国，用重金贿赂安国君左右的亲信，游说安国君最宠爱的华阳夫人。终于，一直无子的华阳夫人动心了，收异人为养子，并请求安国君从赵国赎回异人，立之为太子。秦昭王死后，安国君即位，即秦孝文王。秦孝文王在位不久就死去了，太子异人即位为王，即秦庄襄王。秦庄襄王非常感激吕不韦的拥立之恩，拜吕不韦为丞相，封文信侯，并把河南洛阳一带的十二个县作为他的封地，以十万户的租税作为他的俸禄。三年后，秦庄襄王驾崩，太子嬴政即位，即后来的秦始皇。吕不韦被秦王嬴政尊称为仲父，摄理朝政，权倾天下。

到了这个时候，吕不韦这个大商人总算做成了这笔大买卖。当然，后来秦始皇逼死吕不韦，那则是后话了。

骑虎难下

【释义】 比喻事情进行到中途，迫于形势不能停止，只好硬着头皮干下去。

【出处】 ①《晋中兴书》：苏峻反，温峤推陶侃为盟主。侃欲西归，峤说侃曰："……今日之事，义无旋踵，骑虎之势，可得下乎？"

②《明史》卷二百四十四袁化中传：惧死之念深，将铤而走险，骑虎难下。

【故事】 晋成帝即位后，朝政大权被外戚庾亮独揽。庾亮觉得历阳内史苏峻对朝廷不忠，于是不顾大臣们的反对，下令讨伐苏峻。苏峻知道这件事情以后，就联合豫州刺史祖约以反对庾亮为旗号，共同起兵反对朝廷，一路打到都城建康。晋咸和三年（公元 328 年）正月，庾亮一看朝廷的军队打不过苏峻，就和一些大臣、士兵逃到浔阳。危难关头，一些忠臣极力保护晋成帝，苏峻的军队才没有杀掉晋成帝。

苏峻占领建康后，自封为骠骑将军，把自己手下的人都安排在重要的职位上，这样朝政大权就落在他的手里了。

温峤是东晋的大臣，他出身显贵，不但长得仪表堂堂，而且聪明、有胆识。东晋建立后，他先后担任散骑侍郎、侍中、中书令等要职。他父亲和他们兄弟五人被人们称为"六龙"。

后来庾亮与温峤一起推荐陶侃为盟主，在他们的诚恳邀请下，陶侃担任主帅，一起讨伐苏峻。战争刚开始的时候，有几路联军打了败仗，损失不小，更糟糕的是军中的粮草也没多少了。

面对这种境况，就连平日沉着善变、心思缜密的主帅陶侃心里都有些着急了，也很怕讨伐不能成功，辜负了大家的期望，就很不高兴地对温峤说："你们当时说服我来打仗，我以为你们都把一切安排妥当了。可现在，才交战不久，就连吃败仗，甚至军粮也没剩多少了。没有军粮，士兵们怎么打仗？要是再不供应足够的军粮，只能撤军了，我不能赔上所有的士兵。"

温峤很冷静地对陶侃说："自古至今，凡是要想打败敌人，重要的是内部必须团结。现在我们虽然没有足够的粮食，处境对我们很不利，可要是现在就撤兵，不但会遭到世人的嘲笑，而且叛军也会因此更加嚣张，他们会以为我们不堪一击。我们目前的处境，就像骑在猛兽的身上，不把猛兽打死，怎么能够下得来呢？我们一定要坚持到底，克服所有的困难，打败叛军！"

陶侃听了温峤的劝说，便下决心克服眼前的困难，奋勇杀敌，终于打败了叛军。

温峤劝说陶侃的"骑虎之势，可得下乎"，被后人演变成了现在的成语"骑虎难下"，表示事情发展到一定程度，想要停下来已经不可能。骑虎难下也含有进退两难的意思。

千虑一得

【释义】 愚笨之人的意见也会有可取的地方。

【出处】《晏子春秋·内篇杂下》：圣人千虑，必有一失；愚人千虑，必有一得。

【故事】 晏婴是春秋后期一位重要的政治家、思想家、外交家，在齐国历任三朝相国。晏婴为人正派，刚正不阿，为官清廉，两袖清风，生活非常朴素，对人谦虚礼让。上至君主、下至百姓，都十分尊敬他，故而他在齐国很有威望。

一天中午，晏婴正要准备吃午饭，突然门人来报，门外有齐景公派来的人要求见晏婴，说是有要事相告。晏婴听闻是齐景公派来的人，心想："此人在正午时来见我，一定是有非常紧急的事情，而且一路上车马劳顿，此时必定十分饥饿，应请他共进午餐。"于是当齐景公的使者进入正堂之后，晏婴便把自己的饭菜分成两份，请来人共进午餐。

齐景公知道这件事情后，十分感叹，思考良久，继而说道："我真的没有想到相国的家里如此贫穷，连请使者大吃一顿的钱都没有吗？这是我的过错，也是我的幸事。我为自己有这样一位廉洁的相国而感到高兴，也为自己一直没有发现相国的经济状况而感到不安。"

说罢，齐景公便命人给晏婴送去千金，并由派送之人向晏婴言明：此款专用于接待宾客之用。不料，晏婴并不愿接受，他命人将千金送还给齐景公，并且表示了谢意。齐景公不依，命人再送，晏婴表示谢意后再次命人送回。当齐景公第三次命人送来时，晏婴对来人说道："麻烦你回去禀报主上，我的俸禄不仅足够我供养家人、接待宾客，还有盈余来接济百姓。所以，我不能接受任何额外的赏赐。"

被齐景公派来送赏的人听到晏婴的这番肺腑之言，十分感动，却又为难地望着他，说道："相国，我对您实在是佩服得五体投地。但是，我是奉命办事的，我回去要如何回复主上呢？"晏婴想了想，说道："我也知道你的难处，既然如此，我和你一起进宫，让我当面向主上请辞吧。"晏婴见到齐景公之后，先是深深一揖，然后说："谢谢主上对我的抬爱。但是作为一个臣子，对您不可以无止境地索求。我并没有什么丰功伟绩，吃饱穿暖即可，多余的财富实在无用，不如您赏赐给更需要的人吧。所以请收回这千金。"

齐景公听了晏婴这番话之后，更加深了对晏婴的尊敬之情，执意把千金作为赏赐要他带回府中。齐景公为了要让晏婴接受赏赐，还举了一个例子，说道："齐国以前的相国管仲为齐桓公成为当时的霸主立下了大功，齐桓公给予他的许多奖赏他都没有推辞，并且觉得是无上的荣幸。像管仲这样的名相都欣然接受了国君的赏赐，你自然可以接受我的千金。"晏婴说："您的意思我明白，但是我也听到过这样的说法：圣人千思百虑，总有一次失误；笨人考虑一千次，总有对的一次。管仲作为贤士对赏赐这件事考虑不够周全，而我作为愚笨之人，只此一事却做对了。"齐景公听了晏婴的解释，只好收回千金。

后人一般用"千虑一得"来表示自谦。

千载难逢

【释义】 一千年也难碰到一次，形容机会极其难得，非常宝贵。载：年。逢：遇。

【出处】《南齐书》卷三十四庾杲之传《临终上表》：臣以凡庸，谬徼昌运，奖擢之厚，千载难逢。

【故事】 唐代著名的文学家、大诗人韩愈幼年即成为孤儿，由嫂子抚养长大成人。他刻苦好学，年轻时就博览群书，为日后成为流芳百世的大文豪打下了坚实的基础。他在朝中担任大官之时，佛教极其盛行，连唐宪宗也很崇尚佛教。韩愈因为写了一篇《谏迎佛骨表》，反对唐宪宗兴师动众迎接释迦牟尼的遗骨而遭到贬黜，被发配至潮州任刺史。

在唐朝中期的时候，中央统治权力日益削弱，唐宪宗实行了大力度的改革，纠正了前朝的一些弊端，巩固了中央政权的统治地位。被贬到潮州多年的韩愈，针对当时朝政的状况，给唐宪宗写了一篇

《潮州刺史谢上表》，在文章中极力为唐宪宗歌功颂德，赞誉他是盘古开天地以来的一位最英明的君主，黎民百姓在唐宪宗的统治下日子愈过愈红火、生活富足。这篇《潮州刺史谢上表》令韩愈重新获得了唐宪宗的信任，回到朝中继续为皇帝效力，官至吏部侍郎。

这篇《潮州刺史谢上表》是如何令唐宪宗回心转意，下诏召回韩愈的呢？

原来，韩愈在文章中恭维唐宪宗不仅是仁德的明君圣主，而且是扭转乾坤的中兴之主，并且建议唐宪宗到泰山去封禅。封禅是帝王为祭拜天地而举行的活动，历史上很多帝王，比如秦始皇和汉武帝都进行过这种大典。通常情况下，这种封禅典礼都在泰山完成，因为泰山被尊称为五岳之首。韩愈这种隐晦的建议，实际上是把唐宪宗与秦皇汉武那样历史上有名的帝王并列，因此令唐宪宗龙颜大悦。

韩愈还在这篇《潮州刺史谢上表》中毫不隐讳地表示，他希望自己能被唐宪宗允许，一起参加这千年难逢的盛会，看到万人朝拜的盛大场面，否则将会引为终身的遗憾，死不瞑目。如此一说，韩愈这个从前十分抵触佛教的人都愿意参加这样的集会，可见唐宪宗功德之高、威望之重。

唐宪宗看到韩愈的表白，心中十分高兴，以为这个不通人情的臣子终于被他的仁德之心打动，也愿意去信奉佛教，并把佛教作为信仰皈依了。于是，唐宪宗便将他调回京都，任吏部侍郎一职，主管此次封禅大典。韩愈也因为自己的聪明才智而得以再回到皇帝身边，免去了身居荒山的凄凉之苦。

后人常用"千载难逢"来形容极其不容易碰到的事情或者机会。

钱可通神

【释义】 形容金钱魔力极大，可以买通一切。

【出处】《幽闲鼓吹》：钱至十万可通神矣，无不可回之事。吾惧祸及，不得不止。

【故事】 人们常说富不过三代，在中国历代王朝中，父子两代为相的人不少，但是祖孙三代为相却不多见。在唐朝，三代都担任宰相一职的则只有张延赏家一例。于是，张家有三相张家之美誉。张延赏的父亲是唐玄宗开元年间的名相张嘉贞，张延赏本人是唐德宗时期的宰相，他的儿子张弘靖是唐宪宗时期的宰相。

宰相张嘉贞去世后，唐玄宗如失一臂，非常沉痛，就给其幼子（原名张宝符）赐名延赏，希望他将来可以继承父志，将其父的名声发扬光大。张延赏长大后果然不负圣意，高中进士，被任命为河南尹。安史之乱后，中原一带生灵涂炭，民不聊生，张延赏就是在这种背景下出任河南尹的。上任后，他以身作则，提倡节俭，疏通河渠，安稳人心招抚民众，河南地区终于恢复了元气。

由于政绩卓著，唐德宗任命张延赏为宰相，继而又命他兼掌朝廷的赋税收支。品行耿直的张延赏很早就听说朝廷中有个冤情极深的案子，一直颇为愤慨。担任宰相后，张延赏就希望借机严查此案，为冤情昭雪。所以，张延赏刚一到任，便将狱吏召过来说："这个错案已经拖了很长时间了，现在限令你们十天内结案。"

第二天，张延赏早早来到衙门，刚一落座，就发现公案上有一张纸条，上面只写了两行小字："孝敬张大人三万贯钱，请您不要再过问此案。"身为宰相，张延赏从未见过有人敢如此明目张胆且这般嚣张地行贿，他气得把纸条撕了，拍案召来狱吏，道："将十日期限改为五日。"

第三天早上，张延赏的公案上又出现一张小字条，仅四字："钱五万贯"。张延赏更加愤怒，再次招来狱卒，道："两日内必须结案。"

张延赏原以为自己的浩然正气一定可以镇住行贿者，可他万万没料到，第四日早上，嚣张的行贿小纸条再次重现，上面写着："钱十万贯。"这次，张延赏沉默了，他颓坐在公椅上，长叹一声说："钱一旦到了十万贯这个份上，鬼神都能买通了，还有什么办不成的事呢？我不得不接受这个现实啊！"最终，此案也就这样不了了之。

张延赏此举，并不是他想受贿，只是在当时那种社会制度下，还真有些非常之时行非常之事的意味。因为当时的节度使就是惹不起的角色，如果真的涉嫌在内，即使是查明了真相也只能不了了之，所以他只好来了个"难得糊涂"。

青梅竹马

【**释义**】 形容小儿女天真无邪玩耍游戏的样子，现指男女幼年时亲密无间。竹马：把竹竿当马骑。青梅：青色的梅子。

【**出处**】《长干行》：郎骑竹马来，绕床弄青梅。同居长干里，两小无嫌猜。

【**故事**】 古代人们都说商人的妻子最凄苦，是因为那时候不允许女子抛头露面，只可大门不出、二门不迈地在家待着。商人常年在外经商，妻子只能在家独守空房，所以白居易的《琵琶行》中有一句"老大嫁作商人妇"，是当时女子最无奈的选择。

娇梅是一个嫁给商人的女子，只不过她和丈夫是从小玩到大的朋友，后来丈夫在外经商，让娇梅更加思念。

娇梅的祖上是靠卖布匹发家的，她父亲继承祖业，将生意做得更大了。父亲的挚友项伯是个茶商，经常带着儿子阿郎来找父亲聊天。大人们在客房总是有说不完的话，俏皮机灵的娇梅就冲阿郎眨眨眼，两个孩子就跑到外边去玩。次数多了，两个孩子颇有"一日不见，如隔三秋"的意思，就央着大人带他们去找对方，项伯笑嘻嘻地对娇梅的父亲说："看看，阿郎离不开娇梅了，这小媳妇儿我要定了。"两个小家伙就在大人善意的玩笑中，撒腿跑到外边。

有一次，两人又玩互相追逐的游戏：娇梅在前面跑，阿郎在后面追。一时兴起，阿郎拿来一根竹竿，说："现在这根竹竿就是我的马，我骑马来追你了噢！可是很快的呢！"娇梅咯咯地娇笑着跑远了。忽然，娇梅看到墙头上的青梅一颗挨一颗，非常诱人，就驻足凝望。阿郎看到娇梅忽然停下来，高兴地一把抓住她："我抓到你了！"但是娇梅只是对他笑了笑，继续望向青梅。阿郎顺着娇梅的视线看到了青梅，他没有说话，只是很快跑走了。

不久，阿郎搬来一只板凳，让娇梅帮他扶着，他站在板凳上拿竹竿用力敲打梅树梢，敲下几颗青梅送给娇梅。

但是，往事俱已，此情只待追忆。如今，年方双十的娇梅已经嫁给阿郎。阿郎继承父业，年年要去外地贩卖茶叶，一年最多回来两次，哪里还有时间像小时候那样一同嬉戏，给自己摘青梅吃啊！

诗仙李白把娇梅的事情写到《长干行》中，说："郎骑竹马来，绕床弄青梅。同居长干里，两小无嫌猜。"这就是"两小无猜"和"青梅竹马"的由来。后来，人们就用"青梅竹马"和"两小无猜"来表明天真、纯洁的感情长远深厚，也可以把"青梅竹马"与"两小无猜"放在一起使用，意思不变。

请君入瓮

【释义】 比喻以其人之道，还治其人之身。瓮：一种口小腹大的大坛子。

【出处】 ①唐代张鷟（zhuó）的笔记小说集《朝野佥载》。

②宋代宋祁、欧阳修等人合撰的《新唐书》中的周兴传。

③宋代司马光的《资治通鉴·唐纪》。

【故事】 武则天是中国历史上唯一的女皇帝，但也是个很残忍的人。据说，为了镇压反对她的人，武则天任用了一批酷吏，其中最为狠毒的两个人莫过于周兴和来俊臣了。这两人经常诬陷一些正直的文武官吏和平民百姓，对他们施以惨无人道的刑法，大家对他俩恨之入骨。

一次，有人给武则天送来一封告密信，告发周兴与人联络谋反。武则天大怒，责令来俊臣严查此事。和周兴共事良久，来俊臣深知周兴非常难缠，仅凭一封告密信根本无法让他说出实话，怎么办？来俊臣苦思冥想，终于想出一条妙计。

第二天，来俊臣准备了一桌丰盛的酒席，请周兴过来喝酒。二人正喝到兴头上，来俊臣叹口气说："兄弟我平日办案，常遇到一些犯人死不认罪，不知老兄有何办法？"周兴得意地说："这还不好办？你去找一个大瓮，四周用炭火烤热，再让犯人进到瓮里，你想想，还有什么犯人不招供呢？"说着端起酒杯抿了一口。

来俊臣点头称是，随即命人抬来一口大瓮，按周兴说的那样，在四周点上炭火，然后回头对周兴说："宫里有人密告你谋反，上边命我严查。对不起，现在就请老兄自己钻进瓮里吧。"周兴一听，手里的酒杯一下子掉在地上，跟着"扑通"一声跪倒在地，连连磕头说："我有罪，我有罪，我招供。"

后来，人们就用"请君入瓮"来比喻以其人之道，还治其人之身，同时告诫人们不要作法自毙。

罄竹难书

【**释义**】 把竹子用完了都写不完，比喻事实（多指罪恶）很多，难以说完。罄：空，尽。竹：指竹简。书：写。

【**出处**】《旧唐书·李密传》：罄南山之竹，书罪未穷；决东海之波，流恶难尽。

【**故事**】 隋朝末年，统治者隋炀帝异常残暴，生活上骄奢淫逸，不顾百姓疾苦，征用劳力，连年大兴土木，还不断在国内大量征兵。年轻力壮的男子不是去打仗，就是给朝廷干活，结果大片田地荒芜，百姓民不聊生。百姓们忍无可忍，终于爆发了大规模的农民起义。

李渊是隋炀帝的姨表兄弟，是当时太原的留守，隋炀帝派他镇压农民起义。当时农民起义发展迅猛，已遍布全国，李渊自知要镇压下去是不可能的。他很了解隋炀帝，知道他爱猜忌且嗜杀成性，在这个动乱的年代，保证自身安全都不容易，更别说保护昏庸的皇帝了。后来李渊和他的次子李世民在大业十三年（公元617年）发动兵变，封自己为大将军，带领部队攻打隋军。

此时，胡人支持多个反隋势力起兵对抗隋炀帝，对起义的部队进行操纵分化。胡人的干涉加速了隋朝的灭亡，同时更激化了中原的战乱。李渊担心胡人坏了自己的大事，另一方面又需要胡人强悍的战马，于是有人给李渊献计，和胡人的部落首领始毕可汗议和。后来双方约好："若得攻入长安，民众土地归于唐，金玉缯帛归于始毕可汗这边。"

李渊为赢得民心，大开粮仓，救济饥饿的百姓，还借此机会为自己招纳义兵。然而，这些人都是些乌合之众，没有受过专业的训练，更不懂得如何打仗，所以带这些人打仗很辛苦。

此时，在今河南省东部的李密，势力不断扩大，他发表了一篇声讨隋炀帝的檄文，其中比较出名的一句是："罄南山之竹，书罪未穷；决东海之波，流恶难尽。"这句话要表达的是，用完南山的竹子做简策，也写不完隋炀帝的罪状；用东海里的滔滔大水，也洗不完隋炀帝所犯下的罪恶。以后形容所犯的罪太多，写都写不完，就用"罄竹难书"这个成语。

这篇檄文一经传出，就引起很大的轰动，大家争着传阅，李密的声势也因此壮大起来，一些起义军领袖如窦建德和徐圆朗等都力推李密坐天子之位。李密此时并不着急，他觉得洛阳还没有拿下，就不算成功。

由于李密的势力不断扩大，李渊就想拉拢他，于是派人送去书信，说明自己的意愿。李密自以为是，觉得自己势力强大，就没把李渊放在眼里。他要求李渊带领军队来他的地盘，他才会和李渊结盟，但盟主要是李密。

李渊这时不敢得罪李密，但他自己根本不想去李密的地盘，于是说道："李密骄傲自大，目中无人。我正要进兵关中，如果现在回绝他，就又多了一个敌人，还不如给他拍拍马屁，让他再骄傲几天，日后再慢慢观看鹬蚌相争，到时我就坐收渔利。"

于是，李渊就让部下回信给李密，信上说："天生万民，必有司牧。当今能为司牧，成为天子者，除了你还有什么人？老夫年逾五十，没有这个野心了，愿意攀鳞附翼跟着大弟你。"

李密看完信，更是洋洋自得，觉得自己很是了不起，从此再没有怀疑过李渊，然而最后还是李渊赢得了天下。

曲高和寡

【释义】 比喻知音难得；又比喻说话、写文章不通俗，能理解的人很少；或比喻言论、作品不通俗，难以被人接受。

【出处】 《对楚王问》：引商刻羽，杂以流徵（zhǐ），国中属而和者，不过数人而已。是其曲弥高，其和弥寡。

【故事】 宋玉，又名子渊，战国时鄢（今湖北省襄阳宜城）人，生于屈原之后，据说是屈原弟子，曾在楚襄王的手下做事，好辞赋，是屈原之后的辞赋家。据说宋玉写的辞赋很多，《汉书》卷三十《艺文志第十》录有其赋十六篇。

宋玉也是战国时期楚国著名的美男子，人长得俊美无比，所以后来人们形容有才气的美男子都爱用"才似宋玉，貌若潘安"的比喻。宋玉才高八斗，俊美超人，使得当时的王公大臣对宋玉嫉妒无比。政治上，宋玉又偏偏不是一个趋炎附势、见风使舵之辈，这让每个权力集团对他都非常憎恨，无法拉拢他，就想方设法地在楚襄王面前攻击、诋毁他。

楚襄王也不是一个贤明的君主，后期对宋玉也是非常不满。不久之后，宋玉终于因为国君昏庸、小人当道以及他的孤高自傲而被楚襄王罢免官职，最后被放逐到云梦泽居住。大约在他六十七岁的时候，秦朝大军攻破了楚国都城，宋玉就在楚国灭亡的兵荒马乱中无声无息地落寞死去。

本来宋玉墓有墓碑，但是因为风雨侵蚀，在六朝时期碑文中宋玉的玉字中的一点模糊不清，被误传为宋王。后来经过晚唐诗人李群玉辨明真伪，最终留下了"雨蚀玉文旁没点，至今误认宋王墓"的诗句。下面这个故事就是成语"曲高和寡"的由来。

宋玉还在朝中做官的时候，有一天楚襄王突然召见他，问："先生最近有什么做的不合适的地方吗？有没有行为失检的地方呢？为什么近些天来有大臣上奏，对你有许多非常差的评价呢？"宋玉听了之后，马上明白是怎么回事，就若无其事地回答说："大王，的确是有这么一回事。但是先请大王宽恕我，听我讲一个故事，你就清楚是怎么一回事了。

最近，从远方来了一个人，到我们楚国郢都唱歌。他一开始唱的，都是些非常通俗的歌曲，比如《下里》和《巴人》。城里面一下就轰动了，跟着他唱歌的有好多人，没有一万也得有几千人，那个场面真是震撼。接着，他唱起了还算通俗的《阳阿》和《薤露》，这就和一开始不大一样了，城里面跟着他唱歌的要比开始时少很多了，但还是有好几百人，场面还算宏大。后来他唱音调比较难把握的《阳春》和《白雪》，这个时候城里面能跟他唱的只有几十个人了，场面还算热闹。到了最后，他唱到了格调高雅的商音、羽音，又夹杂着流畅的徵音，您看吧，城里面跟着唱的人更少了，只有那么几个人。"

说到这里，宋玉对楚王说："贤明的大王啊，由此可见，唱的曲子的格调越是高雅，能跟着唱的人也就越少。同样道理，贤人总是有奇伟的思想和不同寻常的表现，超出常人很多，所以一般的人又怎么能理解我的所作所为呢？"楚王听了，恍然大悟，说："原来如此。"

人不可貌相

【释义】 不能以貌取人，比喻不可根据某人的现状就低估他的未来。

【出处】《西游记》第六十二回：陛下，人不可貌相，海水不可斗量。若爱丰姿者，如何捉得妖贼也？

【故事】 古代有一个卖油郎叫秦重，一日无意中看到青楼女子花魁王美娘，被她深深吸引。于是秦重不惜花一年多的时间，拼命节俭积聚，终于筹集了一夜十两银子的宿费。连银铺的伙计也发感慨：真是人不可貌相，海水不可斗量。

一夜之后，秦重了解到王美娘也是从自己的故乡汴京流落到临安的人，便不觉"触了个乡里之念"，并为多才多艺的王美娘流落青楼感到非常可惜和怜悯。于是他努力赚钱，终于筹够帮王美娘赎身的钱，帮助王美娘跳出火坑。王美娘嫁给秦重做妻子，两人恩爱地过起了普通人的生活。

　　一个贫穷的卖油郎居然可以帮助青楼的花魁脱离苦海，这件事情在民间流传开来，人们都感慨："真是人不可貌相啊！"后来，人们就用"人不可貌相"来比喻不要根据一个人的面貌或者现在的处境就小觑他，低估他的未来。

人言可畏

【释义】 指流言蜚语很可怕。言：言语，通常指流言蜚语。畏：怕。

【出处】 《诗经·郑风·将仲子》：人之多言亦可畏也。

【故事】 春秋时期，有一个男青年叫仲子，因为一次机缘巧合，他见到了一个本地的姑娘，并且爱上了她，而且感觉那个姑娘对他也很有好感。爱情的种子就在仲子的心中生了根发了芽，爱情的火焰无时无刻不在仲子的内心燃烧，他非常渴望找一个时间、约一个地点，两个人在一起说说话、聊聊天，互诉衷肠以解相思之苦。

可是在那个时代，未婚男女私自见面很困难，更不要说找一个地方约会了，仲子想的这些都是那个时代的风俗所不能容忍的。但是，仲子十分想念那个年轻的姑娘，每天在空闲时，脑海中全都是姑娘的影子，晚上睡觉时姑娘的一颦一笑在仲子的脑海中挥之不去。

最后他决定，无论如何都要见上姑娘一面，但是又不能给姑娘带来麻烦，这该怎么办呢？

于是他想到偷偷去姑娘家幽会的方法。他把自己的想法通过朋友告诉了那个姑娘，希望姑娘能够同意。可是，姑娘虽然也对仲子有好感，但想到偷偷见面幽会毕竟是大逆不道的事情，而且这一切也没有得到父母的允许，她怕父母知道后会责骂他们两个，甚至拆散这段姻缘。

于是就在仲子要来的夜晚，姑娘站在园子里唱道："请求你仲子呀，别爬我家的门楼，不要把我种的杞树给弄坏了。并非我舍不得杞树，而是害怕父母责骂。仲子，我也在思念你，只是怕父母要骂我呀。"想起哥哥们知道了这件事也要责骂她，姑娘便接着唱道："请求你仲子呀，别爬我家的墙，不要把我种的桑树给弄折了。并非我舍不得桑树，而是害怕哥哥们说闲话。仲子，我也在思念你，只是担心哥哥要骂我呀。"姑娘还害怕别人知道这件事要风言风语议论她，于是再唱道："请求你仲子呀，别爬我家的后园，不要把我种的檀树给弄折了。并非我舍不得檀树，而是害怕人家说闲话。仲子，我也在思念你，只是怕人家风言风语议论我呀。"

仲子在墙外面本打算偷偷爬上去，听到姑娘的歌声后，便打消了这个念头，偷偷地回家去了。这个故事被收入到了《诗经》中。从此之后，人们便用"人言可畏"来形容别人的议论和流言蜚语很可怕。

如火如荼

【释义】 原意为像火一样红，像荼（茅草的白花）一样白，比喻军容盛大，后形容大规模的行动气势旺盛或气氛热烈。

【出处】《国语·吴语》：万人以为方阵，皆白裳、白旗、素甲、白羽之矰，望之如荼……左军亦如之，皆赤裳，赤旗，丹甲，朱羽之矰，望之如火。

【故事】 公元前496年，吴王阖闾率兵攻打越国，被越王勾践打得大败，吴王也受了重伤。临死前，阖闾嘱咐儿子夫差要替他报仇。夫差牢记父亲的话，日夜加紧练兵，准备攻打越国。公元前494年，夫差率兵大败越军，越王勾践被迫屈膝投降，并随夫差至吴国为奴。后在越国进献大量财物及美女后，赦勾践归国。

吴王夫差打败越国后，又趁势连续征服了鲁国和齐国，吴国俨然成为南方最有实力的诸侯国。公元前482年，雄心勃勃的夫差亲自带领全国可用的精兵，浩浩荡荡地向黄池出发，参加诸侯国君的会盟，准备夺取诸侯盟主之位。

可是，就在这个时候，卧薪尝胆十年的越王勾践趁吴国精兵在外，搞了个突然袭击，带领军队一直打到吴国的国都姑苏（今江苏省苏州），又派人马占据淮河，把吴王的退路切断了。这消息对吴王夫差来说，无疑是当头一棒，他非常震惊，立即召集文臣武将商量对策。大家说，现在退回去等于两头都打了败仗，还会被前后夹击，两头挨打，不如先打败晋国，就等于在诸侯国中当定了霸主，再回去收拾越王勾践也不算晚。大主意已经拿定，当务之急是尽快征服晋国。考虑再三，吴王决定出奇制胜。

一天傍晚，吴王命令全军将士吃得饱饱的，马也喂足了草料，然后从全军中挑出三万精兵强将，列出了三个整齐且奇妙的方阵，即每一万人摆成一个方阵，共摆三个方阵。每个方阵横行竖行都是一百人，每一行排头的都是军官员。每十行由一个大夫负责，每一个方阵由一名将军率领。中间的方阵白盔白甲、白衣服、白旗帜、白弓箭，由吴王自己掌握，称为中军；左边的方阵，红盔红甲、红衣服；右边的方阵则着装全为黑色。

方阵列好后，吴军在半夜出发，黎明时分到达离晋军仅有一里路的地方。天色刚刚显出亮色，吴军鼓声大作，欢呼之声震天动地，把晋军从梦中惊醒。晋军慌慌张张地走到营门前，一眼就看到了吴军那三个方阵，立即被吴军的声威气势惊呆了：那白色方阵"望之如荼"，像开满白花的茅草地；那红色方阵"望之如火"，像熊熊燃烧的火焰；而那黑色的方阵，简直就像深不可测的大海。

"如火如荼"本来是形容战争的阵容非常强大，气势逼人，现在多比喻某件事或者某个活动正在非常热烈地进行着，场面非常宏大。

如坐针毡

【释义】 像坐在插着针的毡子上，形容心神不宁，坐立不安。

【出处】《晋书》卷三十四杜锡传：（杜锡）累迁太子中舍人。性亮直忠烈，屡谏愍怀太子，言辞恳切，太子患之。后置针着锡常所坐处毡中，刺之流血。

【故事】 杜锡，字世嘏，晋代人，官至尚书左丞（副宰相）。

杜锡年轻的时候就很有名气，他最初的官职是长沙王司马乂(yì)的文学（官名，掌管校勘图书、教授经学），后来受到重用被提升为太子的中书舍人（近侍官）。杜锡为人耿直，性格直爽，他曾多次劝谏愍怀太子司马遹，言辞恳切，用心良苦。但太子却因为时常受到他道德上的约束而非常讨厌他。只要做了违背当时道德规范的事情，太子都很怕杜锡知道。

时间长了，太子实在受不了杜锡的这种规劝行为，就想着一定要惩罚他一下。但是杜锡一向秉公办事，遵纪守法，太子一直没有抓到什么把柄，没有什么罪名可以惩罚他。思来想去，他终于想到了一个好的办法：他让人在杜锡常坐的毡子下放了好多针，这样一来，杜锡见太子的时候只要一坐下去就会挨扎，时间久了肯定会流血，这肯定让杜锡感觉很狼狈。

其实在魏晋以前，人们都是席地而坐，所以才需要在地上铺设毡垫。

过了一段时间，太子装作毫不知情地提起此事，太子问杜锡："你那天怎么了？"杜锡听到此话，就知道肯定是太子在捣鬼，非常生气。但是转过来想一想，人家是太子，也就是将来的皇帝，自己肯定不能得罪了，只能自己受罪吧！于是就笑着回答道："我那天喝醉了，什么也不知道。有什么不对的地方吗？"太子听到他的回答，知道自己的目的已经达到了，就说："我以为你只是想跟我过不去，故意找我的茬呢，没想到你跟自己也过不去。"

杜锡当时能够坐在针毡上，是因为他深知自己和太子的君臣关系，君让臣死，臣不得不死，更何况只是用针扎呢。君让臣挨扎，即使臣不心甘情愿，也要默默地承受啊！在当时的社会，这就是一种现实，杜锡非常明白这一点，只能接受，不能反抗。所以即使被针扎得很痛，他也只能装作什么事也没发生的样子，表现得若无其事。

入木三分

【释义】 本指书法笔力苍劲有力，比喻见解透彻，议论深刻。

【出处】《书断》：晋帝时祭北郊，更（王羲之）祝版，工人削之，笔入木三分。

【故事】 东晋书法家王羲之被誉为书圣，一生书法成就极高。他的书法作品《兰亭序》被喻为天下第一行书。其书法平和自然，笔势委婉含蓄，遒美劲健，后人评价为"飘若游云，矫若惊龙""龙跳天门，虎卧凰阁""天质自然，丰神盖代"。相传，他为了把字练好，无论是休息还是走路，总是比划着字形，常常把衣服都划破了也不知道。

关于王羲之练字有很多奇闻逸事。比如，在池塘边练字，他将整池水都染黑，将写坏的笔堆成笔山，用字换白鹅，教献之习字等等。不过，在这些传世的逸事中，属入木三分的故事最著名。

有一次，皇帝到北郊去祭祀，当时的祭祀典礼相当盛大，便让王羲之这位当世书法名家把祝词写在一块木板上，再派工人去雕刻。于是，皇帝召王羲之进宫，跟他说："这次祭祀很重要，你一定要发挥出最高水平，流芳百世。"王羲之接到圣旨后，十分认真地在家练习了很久，写了一张又一张，试遍了各种字体，最后选择了力透纸背的行楷。王羲之把纸铺在木板上，然后在纸上写下祭祀的祝词。他一气呵成写完之后，就把纸拿开，让刻字的工人拿走木板去刻字。

　　刻字的工人在刻字时看到木板上的字印，非常惊奇：王羲之写的字，竟然墨迹渗入木头有三分之多。他不禁赞叹地说："右军将军的字，真是入木三分呀！"可见，王羲之功力之深，当真是无可匹敌，亦可见其用功之勤。

　　后人一般用"入木三分"来形容透彻、有见地的分析和见解。

塞翁失马，焉知非福

【释义】 比喻虽然一时受到损失，也许反而因此能得到好处，也指坏事在一定条件下可变为好事。

【出处】《淮南子·人间训》：近塞上之人有善术者，马无故亡而入胡。人皆吊之。其父曰："此何遽不为福乎？"居数月，其马将胡骏马而归。人皆贺之。其父曰："此何遽不为祸乎？"家富良马，其子好骑，堕而折其髀。人皆吊之……故福之为祸，祸之为福，化不可极，深不可测也。

【故事】 战国时，塞上有一个老翁养了一匹马。有一天，这匹马突然不见了，大家都觉得很可惜，于是邻人就来安慰老翁，说他年纪大了，不要想那么多烦心事，气大伤身，身体才是最重要的。谁知老翁并不难过，说："丢了一匹马不算什么，没准还会带来福气呢！"邻人都以为老翁气糊涂了，丢了马明明是祸，哪来的福呢？

一年后，老翁丢失的那匹马自己又跑回来了，还带回来一匹胡人的骏马。邻人们啧啧称奇，觉得老翁真是有远见，便纷纷过来道贺。但老翁脸上丝毫不见喜色，说："怎么能知道这就是福气呢？"邻人又迷糊了：白白添了一匹骏马，这难道不是有福吗？

　　老翁唯一的儿子很喜欢骑马，看到带回来的那匹骏马非常威风，就经常骑它。一日，儿子忽然不小心从马背上摔了下来，把腿摔折了，走路变得一瘸一拐。邻人们又来安慰老翁，老翁十分平静地说："没什么，怎么知道这就是祸呢？"邻人们这回都不吭声了，心想：就算你有预见性，就算你千思万虑，难道你唯一的儿子瘸了腿，还会有什么福气吗？

　　不久，塞外发生战争，开始侵犯中原，朝廷征召青壮年男子入伍。老翁的儿子因腿部残疾而免于应征。一年后，镇上应征的青壮年男子大多都死在战场上。白发人送黑发人不说，很多人都没办法找到自己儿子的尸体，而老翁和他的儿子却幸免于难。

　　老翁失马和得马的故事很快从塞上传到全国，又被后人一代代传诵下来。后来，人们就用"塞翁失马，焉知非福"来形容一时的得失不算什么，坏事在一定条件下有可能变成好事。所以，遇到挫折时，不要怨天尤人，不要伤心抱怨，或许是上天故意为你关闭那扇通往灾难的路，而打开通往幸福的窗口呢？

三顾茅庐

【释义】 原意为多次拜访茅草屋，说的是汉末刘备拜访诸葛亮，请他出山辅佐自己的故事，后比喻真心诚意，一再邀请、拜访有专长的贤人。顾：拜访。茅庐：草屋。

【出处】 《三国志》中关于刘备请诸葛亮成为自己军师的故事。

【故事】 东汉末年，轰轰烈烈的农民起义虽然被镇压下去了，但这次起义沉重打击了地主阶级的统治，使腐朽不堪的东汉政权支离破碎、名存实亡。在镇压农民起义的过程中，各地官员手里都握有军政大权，地主阶级也趁机组织自己的私人武装，大家争着占领地盘，形成了大大小小的割据势力。各个势力争权夺势，不是被吞灭，就是被兼并，战争连年不断，造成中原地区"白骨露于野，千里无鸡鸣"的悲惨景象。

各股武装割据的势力中，有一股是由刘备带领的人马。刘备雄心勃勃，觉得自己这么多年来一事无成，外不能惩国贼，内不能壮大自己的实力，所有的抱负都没能实现，因此心里总是闷闷不乐。他并不是一无所有，他拥有一群亲如兄弟的英勇将士，一支完全忠于他的军队，然而美中不足的是还缺少一些能为他出谋划策的人才，所以他决定为自己寻找能出谋划策之人。他得知襄阳有个名士司马徽，就特地前去拜访。司马徽说："这一带有卧龙，还有凤雏，您若是能请到他们两个之中的一位，就能够平定天下了。卧龙名叫诸葛亮，字孔明；凤雏名叫庞统，字士元。"

于是刘备带了一份厚礼，由关羽、张飞跟随，到卧龙岗去拜见诸葛亮，想请他下山帮助自己。这卧龙住的地方还真是幽静，好像一点儿都感觉不到战乱，确实是修身养性的好地方。很不凑巧，那天诸葛亮出门了，刘备就问他的仆人诸葛亮的去处，仆人说不知道，先生出门从来不告诉他去哪。结果刘备白跑了一趟。

刘备觉得是自己去的不是时候，于是过了些日子准备再次拜访。此时已是寒冬季节，天公不作美，又下起了大雪，别人劝他过些天再去，可他觉得拖的时间久了，就显得自己没有诚意，现在天气这么恶劣，诸葛亮肯定在家。于是刘、关、张兄弟三人冒着大风雪，又一次去拜请诸葛亮。万万没有想到这样的天气诸葛亮竟然闲游去了。张飞本来挺不乐意来的，见诸葛亮又不在家，就催促大家赶紧回去。三人等了许久，诸葛亮还是没有回来。刘备觉得等下去也不是办法，就留下一封信，表明自己对诸葛亮的敬慕之心，同时想请他出来帮助自己挽救国家和安定黎民百姓。

刘备觉得是自己诚心不够，所以没见到诸葛亮。又过了一段时间，他吃了三天素，下定决心再去请诸葛亮。这时他的兄弟们有点打退堂鼓了：关羽说诸葛亮或许是徒有虚名，未必像大家说的那么好，不用去了；张飞本来就是急性子，说人多了去麻烦，刘备自己去就可以，到时候诸葛亮还是不来，就用绳子捆他过来。刘备说张飞太鲁莽，绝对不能那样对诸葛亮。兄弟三人第三次访诸葛亮。这次总算没有失望，诸葛亮在家，不过他正在睡觉。刘备嘱咐两兄弟不要惊扰他，就站在门外等着，这时诸葛亮其实已经醒了，故意装睡想探探刘备的态度。等了一会儿，张飞不干了，非要进去把诸葛亮叫起来，说他这人太无礼。此时诸葛亮缓缓睁开眼睛，问："是谁在外面吵闹？"

　　刘备很谦虚地表明自己的身份和来意，随后诸葛亮请他们进屋。经过长时间的交谈，刘备觉得诸葛亮确实是个人才，就恳请他下山辅佐自己。诸葛亮也并不是不关心时事，只是没有合适的机会罢了，他被刘备的诚心所感动，决定出山帮助刘备。

三令五申

【释义】 再三命令和告诫。令：命令。申：说明。

【出处】《史记·孙子吴起列传》：约束既布，乃设铁钺，即三令五申之。

【故事】 在春秋战国的时候，有位著名的军事家名叫孙武，也就是后世《孙子兵法》的著述者。孙武调兵遣将本领很高，深受官兵爱戴，大家都纷纷赞赏他的才能。吴王阖闾听了大家的评价后将信将疑，为了试试孙武的才能，便从宫中选出一百八十名美女，让孙武训练她们。

孙武收到吴王阖闾的命令后，便着手准备训练。他知道，这些美女都是一些手无缚鸡之力的弱女子，如果想让她们成为训练有素的士兵，便一定要从军纪上入手训练。他命令这些美女手拿长戟，站成两队，又选出吴王阖闾最宠爱的两个妃子当队长，站在队伍的最前面。

孙武对这一百八十名美女说："我说前，你们就看前方；我说左，你们就看左边；我说右，你们就看右边；我说后，你们就看后面。明白了吗？"说完，他见美女们没人理会他的命令，便让人准备了处罚用的刑具斧头，又再三重申了一遍刚才的命令。

只见，孙武大声喊道："右！"美女们却是你看我，我看你，谁也没服从孙武的命令，她们互相嬉笑、打闹着，当孙武是空气一样。孙武看了看这些没有理会他的命令的美女，说道："是我解释得不够明白吗？那我再说一遍好了。第一次命令得不到执行，是指挥官的责任。我现在再说一次要求，你们听好。"接着，他就把先前说过的命令又详细说了一遍。

第二次开始发号施令，当孙武说"左"的时候，美女们还是站在原地，我行我素地想干什么就干什么，根本不听从孙武的命令，有的还三三两两聚到一起，说起了悄悄话。在一旁观看的吴王也不禁笑出了声。本以为孙武会第三次重复命令，再跟美女们一起操练，没想到他却说："解释、交代命令不清楚是将官的责任，所以我重复了一遍命令。而现在，我已经把命令交代得很清楚但你们不服从命令，这与指挥官无关，是队长领兵无方的问题，要处罚队长。来人啊，把这两位队长推出去砍头。"

孙武的部下很快上来把两个妃子准备拉出去砍头，吴王阖闾吓得大吼一声，说道："等等，将军手下留情，她们是我的爱妃，你不能说杀就杀啊。另外，你的用兵方法和技能，我已经看得很清楚了，我很佩服。别杀她们，下次她们一定能按照你的要求做好。"只见孙武深深一揖说道："将在军中，君王的命令可以不听从。是您要我当操练官，训练这些美女，所以请大王恕罪，这两个队长，我一定要杀。之后，我会再选出两个队长，一定为大王训练好这支队伍。"

美女们眼见大王的两个宠妃被拉出去杀了，都吓得不敢作声。当孙武再次发出命令时，她们都认真操练起来，不敢再当作儿戏。孙武在前发出命令，美女们立即配合，整个队伍的动作整齐划一。吴王阖闾也不得不佩服孙武的才能，对他另眼相看。

后人一般用"三令五申"来形容再三发出命令和提出要求，或者发出告诫。

三人成虎

【**释义**】 三个人谎报街市里有老虎，听的人就信以为真；比喻说的人多了，就能使人们把谣言当事实。

【**出处**】《战国策·魏策二》：夫市之无虎明矣，然而三人言而成虎。

【**故事**】 战国时期，各诸侯国争霸，其中魏国和赵国订立了友好盟约。为了使盟约看起来更加真实有效，两国之间约定互相押有对方一名人质作保证。于是，魏王不得已同意把魏国的太子送到赵国的都城邯郸去做人质。路途遥远，又不知归来的日期，为了太子的安全，魏王令大臣庞葱陪同太子前往。

庞葱是个聪明人，他知道魏王不会一直相信自己，在别的国家那么久，肯定会有很多风言风语传到魏王耳朵里。于是在临行之前，庞葱便对魏王说："大王，我想问您一个问题：如果有一个人说大街上来了一只老虎，您相信不相信呢？"

魏王不知道庞葱所言为何意，回答道："我不相信。光天化日，老虎怎么会跑到大街上来呢？"

庞葱不发一言，接着又问："如果有两个人一齐对您说呢？他们都说街上来了一只老虎，且是自己亲眼所见，您相信不相信呢？"

魏王仍然不明就里，回答道："如果有两个人都这么说，我想我会考虑一下这件事情的真实性，半信半疑吧。"

庞葱见魏王的态度有所改变，知道自己的疑虑是对的，又问道："如果有三个人跟您说街上来了一只老虎，您相信不相信呢？"

魏王如实回答："如果大家都这么说，那我就只好相信了。"

听魏王这样回答，庞葱知道他心中所预料的情况将来定会发生，就叹了一口气说道："大王，您想想，老虎都在深山里，是不会跑到街上来的，那三个说老虎来了的人，可能也仅仅是道听途说。如果只是因为三个人这样说，您就相信街上有老虎这件事情是真的，那么邯郸离我们魏国如此远，肯定会有很多人在背后议论我，看来您也一定会相信他们所言是真的，而并非以讹传讹。"

魏王听了庞葱的话，知道他心中的想法，就笑笑点了点头，说道："你是本朝功臣，谁也不会对你说三道四，放心上路去吧！"庞葱苦笑了两声，便离开王宫，跟魏王的太子一道去了邯郸。

庞葱走后没有多久，便开始有一些人三三两两地在魏王面前说他的坏话。开始的确不多，但后来这种坏话越来越多，真的如庞葱自己所言那样。而魏王将自己的承诺抛之脑后，相信其中的一些人所说的坏话了。当庞葱回国以后，魏王因为之前根深蒂固的坏印象，一直没有召见庞葱。

后人一般用"三人成虎"来形容说谎的人多了，终有一天谎言被当成事实。

三生有幸

【**释义**】 三世都很幸运，形容极为难得的好机遇或好运气，也是结识新朋友时说的客气话。三生：佛家指前生、今生、来生。幸：幸运。

【**出处**】 唐代袁郊的传奇小说集《甘泽谣》中记述的李源与圆观之间的故事。

【**故事**】 唐朝有一个法号圆观的得道高僧，对佛学有高深的造诣，每次开坛讲学都吸引了一大批人前去听课。他有一位知己名叫李源，二人经常结伴去旅行，天南海北都有他们走过的足迹。

有一天，在二人出游的路上，圆观与李源经过一个山清水秀的地方，他们走到溪边，正要弯身洗手，忽然看见一个妇人挺着大肚子从远处走来。只见妇人走到河边准备汲水，可是她的肚子实在太大了，以至于必须用一只手扶着腰。

圆观抬头看到身旁的妇人，对李源善说："这个妇人怀孕已经有三年了，一直等待我去投胎做她的儿子，可是因为我贪恋红尘而躲避着，她一直不能分娩。现在，我与她相见，就不能再躲避了。"接着，圆观又说："三天之后，这位妇人必定会生产，到时请你去她家看看，我用一个微笑作为咱俩相见的凭证。如果到时候，那个婴孩朝你笑一笑，就证明婴孩是我投胎而去的。等到我十三岁那一年，中秋月夜我会在杭州天竺寺等你，到那个时候咱们再相会。"

李源听了圆观的话，双目含泪，深揖一躬，依依不舍地与他道别。果然，这一天的夜里圆观圆寂，而那个妇人也在那晚生了一个男孩。在婴孩诞生的第三天，李源依照圆观的话，前往妇人家里探望。他一进门，便迫不及待地走到婴儿床旁边，目不转睛地看着婴孩。不出所料，那个刚出生的粉嫩婴孩朝着他粲然一笑，李源心中感慨万千，确定婴孩是圆观投胎，便向妇人道了句"恭喜"退出门外。

十三年后的中秋月圆夜，李源如期到达杭州天竺寺寻访，他怀着忐忑的心情，惴惴不安地想着："不知道事隔这么多年，圆观还记不记得当初我们的约定。不论他来不来，此行算是了却我一桩心愿。"谁知，李源刚到寺门口，就看到一个牧童骑在牛背上唱道："三生石上旧精魂，赏月吟风不要论。惭愧情人远相访，此身虽异性常存。"

后人一般用"三生有幸"比喻特别的缘分，或是表示一种在特殊情况下或者偶然机会里相知相交的友情。

伤风败俗

【释义】 指败坏社会风俗，多用来谴责道德败坏的不正当行为。伤：损伤。败：败坏。

【出处】《论佛骨表》：伤风败俗，传笑四方，非细事也。

【故事】 韩愈，字退之，也称韩昌黎，河阳（今河南省孟州市）人，唐代著名文学家和哲学家，唐代古文运动的倡导者，唐宋八大家之一。韩愈虽然才华横溢，但却因为个性独特，在仕途上屡受挫折。"伤风败俗"这个成语就是从他上谏唐宪宗而来的。

元和元年（公元806年）六月，韩愈奉召回长安，官授权知国子博士，后来又担任刑部侍郎。随着官职的上升，文人特有的耿直性格开始表现出来，大有不说不快的劲儿。当时佛教在中国特别盛行，连唐宪宗也笃信佛教，成为虔诚的佛教信徒。有一次，唐宪宗把传说中佛祖释迦牟尼的一块遗骨迎进宫内供奉，大臣和百姓听说后，更加对佛教趋之若鹜。

韩愈知道后，非常反对唐宪宗的这种做法，就特地写了一篇《论佛骨表》，呈交给唐宪宗进行谏阻。在《论佛骨表》中，韩愈提到："佛教是从外国传来的宗教，中国古时候根本没有。尧、舜、禹等古代圣贤不知道什么佛教，但他们却把国家治理得很好，在位的时间长，寿命也很长。佛教是从东汉明帝时期传入中国的，明帝在位只有十八年，宋、齐、梁、陈和北魏后的各个朝代，对佛教无比信奉，但那些朝代都很短命。就拿梁武帝来说吧，他祭祀宗庙不用牲畜，自己不吃荤，还三次出家当和尚，结果还是被叛军包围，活活饿死。梁武帝痴心信奉佛教，希望得到佛祖的保佑，但却悲惨地死去。现在，陛下把佛骨迎到宫里来供奉，使王公大臣们奔走施舍，浪费大量的财富。有的百姓愚昧无知，甚至不停地焚香顶礼，以表示自己对佛的虔诚。这种败坏风俗的事，会被人们当作笑话四处传播，这可不是一件小事啊！依微臣来看，应当把那块佛骨扔进水里或者投入火中才是！"

唐宪宗读了《论佛骨表》，非常生气，认为韩愈简直是在影射自己不会活得很长，于是就要杀他。幸亏宰相为韩愈说情，才改为把他贬到潮州担任刺史。虽然韩愈的《论佛骨表》并没有被唐宪宗所接受，但是《论佛骨表》中的"伤风败俗"却因此而出名，成为一个经典的成语。

"伤风败俗"原意是指某种行为败坏了社会风俗，在今天则多用来谴责道德败坏的不正当的行为。

舍本逐末

【释义】 指做事不从根本入手，却在一些不重要的地方下工夫。舍：放弃。逐：追求。

【出处】《吕氏春秋·上农》：民舍本而事末则不令，不令则不可以守，不可以战。民舍本而事末则其产约，其产约则轻迁徙，轻迁徙则国家有患，皆有远志，无有居心。

【故事】 战国时代，诸侯争霸，战火频仍。但天下大势，合久必分，分久必合。战争时间长了，作战双方在人力、物力和财力上，都有很大的消耗，于是双方就开始停战，转为和解。所以，虽然战乱不断，但诸侯国之间经常会有使节往来。

一天，齐王派使者出使赵国去问候赵威后。齐王的这位使者没有到过赵国，更没见过赵威后，但他早就听人说，赵威后是一位很贤德的王后，体恤下情，爱民如子，于是很高兴地接受了这个差事。

他想：赵威后既然为人和善，我作为齐国使者去向赵威后问安，赵威后一定会很高兴。她一高兴，说不定会赏赐给我一些贵重的小礼品。因此，他觉得此次出使赵国，和去其他诸侯国相比，着实是一件难得的美差。

于是，自从接到齐王的吩咐后，使者就立刻马不停蹄地向赵国的国都邯郸出发。为了早日赶到邯郸，使者甚至不惜连夜赶路。终于，使者到了赵都邯郸。邯郸果然是一个美丽的都城，那雕梁画栋的梳妆楼，那清水碧透的照眉池，那热闹非凡的市桥，那巍峨秀丽的丛台……耳闻不如眼见，看到如此繁华的街市，使者非常高兴，想着办完公事，一定要好好地在邯郸城逛逛，一饱眼福。

到了邯郸之后，使者直奔赵国王宫，去问候赵威后。在一位美丽的宫娥引导下，使者很快就见到了传说中贤德的赵威后。使者行了礼后，只见赵威后端正地盘坐在一个绣墩之上，凤目不怒自威，慈祥中带有威严。

齐王使者恭恭敬敬地将随身带来的齐王亲笔信呈给了赵威后，请她过目。但是，赵威后并没有立刻去拆阅齐王的信，却慈祥地问齐王使者道："你们齐国今年的收成好吗？"

齐王使者垂手答曰："好。"

赵威后又问："黎民百姓好吗？"

齐王使者再垂手："好。"

赵威后再问："齐王也很好吗？"

齐王使者不解，但仍垂手答曰："也很好。"

齐王使者回答完赵威后的问话，心里觉得很纳闷，尤其是赵威后最后才问候齐王，这让人实在难以理解。于是，使者恭敬但大胆地问道："尊敬的威后，请恕在下直言。我奉我国国君的旨意，专程向您来问安。照说，您若回问的话，也该先问候我们的大王。可您为什么先问的是年景和百姓，把低贱的摆在了前头，最后才问我们尊贵的齐王呢？"

赵威后笑着摇摇头说："我之所以先问年景和百姓，后问候你们大王，自有我的道理。"

齐王使者纳闷地问："什么道理呢？"

赵威后缓缓说道："你想想看，在这个战乱不断的年代，假如没有好年景，那黎民百姓还能靠什么活下去呢？假如没有黎民百姓，又哪里有大王呢？所以说，我这样问才合乎情理。如果反过来问，岂不是舍本逐末？你说是不是这样呢？"

"这……"齐王的使者哑口无言了。

使者原本想正事办完在邯郸游玩一番，但见过赵威后之后，齐王的使者已经没有心情再去观赏邯郸的美景，直接回了齐国。在归国的路上，齐王的使者一直觉得肩上沉甸甸的。虽说仁慈的赵威后并没有赐什么小礼品给他，但使者并不认为自己是空手而归。他觉得，赵威后的那有关"舍本逐末"的几句问候，比什么礼品都贵重。

识时务者为俊杰

【释义】 认清形势的人才是英雄豪杰，用来称赞能认清形势或潮流的人。时务：形势或潮流。俊杰：杰出的人物。

【出处】《三国志·蜀志·诸葛亮传》：识时务者，在乎俊杰。

【故事】 刘备，字玄德，汉景帝子中山靖王刘胜之后，三国时期蜀汉的开国皇帝。刘备是一个很有野心的人，当年被曹操打败后，被迫依附于荆州牧刘表，但他胸怀大志，不甘心寄人篱下，就四处寻找机会，物色杰出的人才。

刘表虽然平庸，却爱招揽人才、礼贤下士，当时荆州境内有很多贤士人才聚集和隐居于此。刘备听说司马徽在襄阳一带的名声很大，就登门拜访，询问他对天下大事、政治时局的看法。司马徽说："像我这样平庸的书生文士怎么能认清天下复杂的形势呢？识时务者为俊杰，能认清天下形势的人才是杰出的人物。这一带有卧龙和凤雏两个人，他们就是这样的人才。"卧龙指的是诸葛亮，凤雏指的是庞统。

后来，徐庶投奔刘备，他直接向刘备推荐了诸葛亮，并建议刘备亲自去请诸葛亮出山，以示诚意。于是就有了刘备三顾茅庐请诸葛亮出山的典故。后来，诸葛亮担任蜀国军师，用心辅佐刘备建立蜀汉政权。而同样被刘备访求征召的凤雏庞统也是目光远大之人，能把握政务全局，察知形势发展变化的趋势。

"识时务者为俊杰"就出自司马徽向刘备推荐卧龙和凤雏的历史故事。现在，人们常用"识时务者为俊杰"来规劝他人要认清当前形势，顺应时代潮流。

势如破竹

【释义】 形势就像劈竹子，头上几节破开以后，下面各节顺着刀势就分开了；比喻作战或工作节节胜利，毫无阻碍。

【出处】《晋书·杜预传》：今兵威已振，譬如破竹，数节之后，皆迎刃而解。

【故事】 公元265年，司马昭病死，长子司马炎继承了晋王位，逼迫魏帝曹奂禅让帝位于他，改国号为晋（史称西晋），晋王司马炎成了晋武帝。晋武帝取代魏帝之后，雄心勃勃，灭蜀之后准备出兵攻打东吴，实现统一全国的愿望。于是他召集文武大臣们商量灭吴大计。但以太尉录尚书事贾充为首的多数保守派认为，吴国有长江天险，善于水战，一举消灭它恐怕不易，不如有了足够的准备再说。

但是，大将杜预和羊祜则认为：吴王孙皓腐化透顶，弄得朝臣和百姓上下离心，国势日渐衰微，必须趁机灭掉它，否则等吴国换了君主，励精图治，再去灭吴就不容易了。晋武帝考虑再三，找自己最信任的大臣张华征求意见。张华同意杜预的分析，也劝司马炎尽快攻打吴国，以免留下后患。

公元 279 年，晋武帝司马炎任命杜预做征南大将军，调动二十多万兵马，分成六路水陆并进，开始攻打吴国。吴王孙皓挥霍无度，作战的士兵连军饷都常常领不到，而晋军采取以善制胜的策略，向吴军送酒送肉，热情欢迎归降的吴军，让吴军觉得晋国国君才是贤德的君王，于是吴军没有了心思打仗，纷纷归降。

晋军一路战鼓齐鸣，战旗飘扬，士气高昂，第二年就攻占了江陵，斩了吴国一员大将。杜预率领军队乘胜追击。听说晋军所向披靡，又听说归降的吴军有肉吃，沅江、湘江以南的吴国官兵听到晋军来了，自动打开城门投降，晋军兵不血刃地占领了很多县郡。司马炎非常高兴，就下令让杜预从小路向吴国国都建业进发。

此时，有人担心长江水势暴涨，晋军不习水战，不如暂时收兵，等到冬天水结冰了再进攻更有利。杜预坚决反对退兵，他说："现在我军士气高涨，将士个个斗志正旺，取得一个又一个胜利，势如破竹。应该趁此机会，一鼓作气，一举灭掉吴国，根本不用费太大力气。"于是，晋国大军在杜预率领下，直冲吴都建业而去，不久就攻占建业灭了吴国，晋武帝统一了全国。

"势如破竹"是人们从杜预的话里提取出来的，意思是说军队进攻像一节一节的竹子一样，迎刃破裂，形容战争胜利之迅速。今天，"势如破竹"用来形容某件事情进行得非常顺利、迅速，毫无阻碍。

四面楚歌

【释义】 比喻陷入四面受敌，到了孤立无援的窘迫境地。

【出处】《史记·项羽本纪》：项王军壁垓下，兵少食尽，汉军及诸侯兵围之数重。夜闻汉军四面皆楚歌，项王乃大惊曰："汉皆已得楚乎？是何楚人之多也！"

【故事】 项羽和刘邦双方约定以鸿沟的东西两边作为界限，双方互不侵犯，老死不相往来。刚开始的时候，两人还能遵守约定，谨守着自己的阵地不犯界。可是，好景不长，当双方实力悬殊的时候，刘邦便按捺不住称霸天下的野心。刘邦听从了张良和陈平的规劝，决定趁项羽兵力衰弱的时候将他消灭。

于是，他们和韩信、彭越、刘贾等会合兵力追击项羽部队，并且布置了几层兵力，围剿项羽，把他紧紧围在垓下。此时的项羽已是无路可走，跟随的士兵已经很少，兵弱马乏，缺少粮草。一天夜里，项羽忽然听见四面围住他的汉军军队里面的官兵都在唱楚地的民歌，便十分吃惊，问身边人："刘邦已经占领了楚地了吗？为什么他的军队中有这么多楚人在唱楚歌呢？"

项羽的部下听到他这样说，已知他的心中早没了斗志，便开解他道："主公，您不要伤心，我们还没有到山穷水尽的地步，如果奋力一搏，或者可以杀出一条活路。咱们几个人，是死是活，都跟您一条心。""对对，主公，咱们跟他们拼了，有一个杀一个，有两个杀两个。杀一个够本，杀两个赚了。您不要担心，我们都誓死跟随您。"项羽的部下纷纷出声相劝，表示自己的决心。

项羽看到部下如此忠心耿耿，十分感动，但他已经失去了再战斗下去的信心。他在营帐里面大口喝了些酒，忍不住吟唱："力拔山兮气盖世，时不利兮骓不逝。骓不逝兮可奈何，虞兮虞兮奈若何。"在他身旁的虞姬和唱，边唱边掉眼泪。项羽不由得黯然落泪，部将们受到这种情绪的感染，都非常难过，仿佛觉得有千斤重担压在身上。虞姬歌毕后自刎于项羽面前，而项羽则英雄末路，最终自刎于江边。

后人一般用"四面楚歌"来形容人遭受到各方面攻击或逼迫而陷于孤立窘迫的境地。

四体不勤，五谷不分

【释义】 指不参加劳动，不能辨别五谷；形容脱离生产劳动，缺乏生产知识。四体：指人的两手两足。五谷：通常指稻、黍、稷、麦、菽。

【出处】《论语·微子》：四体不勤，五谷不分，孰为夫子？

【故事】 孔子的儒家思想影响了中国的政治和文化几千年，他在世的时候到处收徒弟，四处讲学，希望宣扬自己的信仰，令儒家思想广为传播。

孔子一生中收了三千多个弟子，其中最有本事的有七十二个。一次，孔子带着他的学生们去四方游学，其中一个学生子路因为注意力不集中，掉了队找不到大家，急得不知所措。子路向路边的老农打听道："老先生，您知道前面那一片芦苇荡后面的小路通向哪里吗？我在那边和老师与同学走散了，现在着急找他们。"

老农看了看子路，不知道他所言何物，便顺着他手指的方向看去，并没有发现芦苇荡，便问道："公子，你说的芦苇荡是哪里，我怎么没看到呢？你的老师应该认得这些是什么，你就站在这里不要动了。""怎么会没有看到芦苇荡呢？老先生，您看就是那片黄灿灿的啊。"子路着急得上蹿下跳，指向远方的农田。

"子路，你到哪里去了？怎么没跟着我们啊？"孔子看到子路正在问路，便向他一边喊一边说："你不是知道我们是顺着芦苇荡那条小路一直走的吗？怎么还会跟不上呢？子路，你就是因为不认真听我说话才掉队的，害得大家都停下脚步来等你。这样的事情，下次不能再发生了。"

此时，那个站在田边的老农终于明白他们所指为何物，不禁一脸嘲笑的表情，挑着农具走近孔子，说道："四体不勤，五谷不分，你根本不应该当他们的老师，这样的老师实在太不称职了。那片是高粱地，根本不是芦苇荡，连老师都认为是芦苇荡，如何能教好这些年轻人呢？"

孔子听了老农的话，觉得十分不好意思，连最基本的各种谷物都分辨不清楚，确实缺乏最基本的生活常识，不配做他们的老师。于是孔子一脸诚恳地说："老先生，您说得很对，我的确不配做他们的老师，以后我会加强这方面的修养。"

后人一般用"四体不勤，五谷不分"来形容没有最基本的生活常识的人。

太公钓鱼，愿者上钩

【释义】 姜太公用直钩不挂鱼饵钓鱼，愿意上钩的鱼就自己上钩，比喻心甘情愿地落入圈套。

【出处】 ①《史记·齐太公世家》中记载了姜太公不放鱼饵钓鱼吸引周文王的故事。

②元代无名氏《武王伐纣平话》：姜尚……直钩钓渭水之鱼，不用香饵之食，离水面三尺，尚自言曰："负命者上钩来！"

③《风月梦》：我是姜太公钓鱼，愿者上钩。贾老爷若是爱厚我，我就不留他，他也不走；若是不爱厚我，我就再留他些，他也不在这里。

【故事】 姜太公，字子牙，名尚，因为其先祖辅佐夏禹治水有功，舜、禹时被封于吕（今河南省南阳西）地，后以封地为姓氏，故姜尚又名吕尚。入周后姜尚被尊为太公，是佐周文王、周武王灭商的功臣。

姜子牙在没有得到周文王重用的时候，隐居在陕西渭水边，栖身于磻溪，终日以垂钓为事。一般人钓鱼，都是用弯钩，上面挂着有香味的饵食，然后把钓钩沉在水里，诱骗鱼儿上钩。但姜子牙的钓钩是直的，上面既不挂鱼饵，也不把钓钩沉到水里去，而是在离水面很高的地方悬着。有人发现了，就好心地提醒他："老人家，像你这样钓鱼，一百年也钓不到一条鱼啊！"姜子牙举举鱼竿，淡淡地说："其实我不是在钓鱼，而是在钓王侯！"

姜子牙奇特的钓鱼方法和言论，很快传到了周文王姬昌那里。姬昌觉得此人很有趣，就打发了一名士兵去叫他。但姜子牙看都不看士兵，优哉地说："钓啊，钓啊，鱼儿不上钩，虾儿来胡闹！"第二次，姬昌派一名官员去请，姜子牙还是边钓边说："钓啊，钓啊，大鱼不上钩，小鱼别胡闹！"

一个老头居然可以看出当官的也不是王侯，姬昌这才意识到这位垂钓者必是位贤才。于是他吃素三天，沐浴更衣，带着厚礼亲自前往磻溪去聘请姜子牙。姜子牙看见姬昌如此诚心诚意来聘请自己，便答应为他效力，开始辅佐周文王姬昌兴邦立国，帮其子周武王姬发灭掉了商朝，因此他被尊为太公，封于齐地，实现了自己建功立业的愿望。

后来，人们就用"太公钓鱼，愿者上钩"来形容那些自甘上钩的人。

螳螂捕蝉，黄雀在后

【释义】 螳螂捕捉蝉，却不知道有黄雀在背后要啄自己；比喻贪图眼前利益而去损害别人，却不知道有人在后面要算计自己。

【出处】 《说苑·正谏》：蝉高居悲鸣饮露，不知螳螂在其后也；螳螂委身曲附欲取蝉，而不知黄雀在其旁也。

【故事】 春秋时期，吴王寿梦雄心勃勃，刚刚即位，就准备征讨楚国，争霸中原。当时吴国并不算太强大，而且其他国家都有坐山观虎斗的打算，所以吴王寿梦的提议遭到了一些大臣的反对。吴王寿梦很气恼，就下令说谁要再劝阻他伐楚就斩首示众。一时间，没人敢说什么了。吴王寿梦的随从中有位年轻的侍卫，决定采取一种间接的办法劝阻吴王。

一天，吴王寿梦发现一个侍卫总是拿着弹弓在王宫后花园转来转去，就问他到底在做什么。侍卫说，他本来想用弹弓打鸟，鸟没有打着，却发现了一件很有趣的事情。吴王寿梦好奇道："什么有趣的事情呢？"侍卫说："我看到一只蝉停在树上响亮地秀自己的歌喉，时不时还喝几口露水，却不知道有一只螳螂已经在它背后悄悄地弓着身子，准备捕杀这只蝉呢！螳螂想捕蝉，却不知道黄雀正在螳螂的旁边伸长脖子，正想啄螳螂呢！"

吴王寿梦似懂非懂地问："这和你有关系吗？"侍卫说："螳螂捕蝉，黄雀在后。但那黄雀，却不知道我正用弹弓瞄准它，要把它射死呢。无论是蝉、螳螂，还是黄雀，它们都一心想获得眼前的利益，却没有想到它们的后面还有灾难啊！"

吴王寿梦听完侍卫的话，知道侍卫在用这个故事来规劝自己不要贸然征讨楚国，以免有后顾之忧，于是便下令停止出兵攻打楚国。

"螳螂捕蝉，黄雀在后"就是从侍卫劝说吴王寿梦停止伐楚的故事中提炼出来的，用来提醒人们不要只顾眼前的利益而不考虑后果。

痛定思痛

【释义】 悲痛的心情平静之后，追思当时所遭受的痛苦，常含有警惕未来之意。

【出处】《昌黎先生集·与李翱书》：今而思之，如痛定之人，思当痛之时，不知何能自处也。

【故事】 韩愈，字退之，河南河阳人，曾担任监察御史、权知国子博士、吏部侍郎等显职，其文采出众，名列唐宋八大家之首。可以说，韩愈算得上是一个文名与官名同样显赫的人物，因此受到后人诸多赞颂。不过，凡事不会十全十美，仕途、文学双名齐收的韩愈，也难逃被人指责之处。其中，明末思想家顾炎武在《日知录》一文中，就揭露了韩愈未显达时轻率写下的投书求见之文，并对韩愈的人格也提出了质疑。

事实确实如此。韩愈曾经在《与凤翔邢尚书书》中竭力自荐，并提出"布衣之士身居穷约,不借势于王公大人,则无以成其志;王公大人功业显著,不借誉于布衣之士,则无以广其名"。

其实,韩愈自有难言的苦衷。韩愈年少时,家势日渐衰败,待他成人后,一家三十多口人,都盼着他能够谋得个一官半职,以维持全家人的生计。韩愈也曾经无数次参加科举考试,但屡试不第。想想家人愁苦而又期待的面孔,韩愈焦急万分。迫不得已,只好走下下策:向达官贵人投书求见——虽然他内心非常不愿意这么做。

关于向达官贵人投书求见的事,韩愈曾经给自己的好朋友李翱写过一封信,他说:"如果连你也不理解我的话,这个世界上恐怕就没有人能够明白我了。我当年在京城时穷困潦倒,每日奔走于达官显贵之家,求他们帮助。当时还不觉得难过,如今悲痛的心情平复了,再回过头来想想那时所受的屈辱和痛苦,现在简直都不知道应当如何看待自己了!"

韩愈的这番话,沉痛无奈,让世人不忍再对他过多苛责。韩愈显达后,不遗余力地提携和嘉奖有才情却家境贫困的晚辈,大概跟他年轻时所遭受的切肤之痛有着密切关联吧!

无独有偶,宋朝著名民族英雄文天祥也同样有过这种痛定思痛的凄惶与悲苦。

宋德祐元年(公元1275年),元军逼近南宋都城临安,宋室危在旦夕。为了解决朝廷燃眉之急,文天祥毅然辞去右丞相的职务,以资政殿学士的身份前往元营谈判。文天祥义正词严地痛斥了元军南侵的罪行。元军统帅伯颜非常佩服文天祥的才华,企图劝他归顺元朝,但遭到文天祥的严词拒绝。

后来,元军强迫文天祥和他们一起前往元朝的京城大都。途中,文天祥几次欲以死明志,但想到国恨家仇,就忍辱负重跟随元军一同前往。船到京口时，文天祥趁人不备，逃到一条小船上直奔真州，立刻把敌人的军情虚实告诉了真州守将苗再成，又写信给淮东、淮西两位边帅，约他们联合行动，驱逐元军。不料，当时淮东边帅李庭芝以为文天祥已投降元军，这回是来为敌人骗取扬州城的，就下令逮捕他。文天祥百口莫辩，只得出城。他改名换姓，死里逃生，一路渡海南下，来到福州。

逃亡路上，文天祥越想越难过、越委屈，就写下了许多爱国诗篇，后来汇集成《指南录》。他说："生与死是像昼夜交替一样平淡的事。死了也就算了，但是艰难险恶的处境反复错杂出现，不是人世间所能忍受得了的事情。痛苦的事情过去了之后，再回想起当时的痛苦，这种痛又是多么深刻啊！"

偷梁换柱

【释义】 指用偷换的办法，暗中改换事物的本质和内容，以达到蒙混欺骗的目的；比喻暗中玩弄手法，以假代真，以劣代优。

【出处】《红楼梦》第九十七回：偏偏凤姐想出一条偷梁换柱之计，自己也不好过潇湘馆来，竟未能少尽姊妹之情，真真可怜可叹。

【故事】 秦始皇统一六国称帝后，认为江山稳固，天下太平，以后这天下就是他子孙后代的家业，没什么可担心的了。而他一生最大的失误就是觉得自己身体不错，这王位他还要坐好多年，所以一直没有把立太子放在心上，没有指定自己的接班人。没想到他这种想法在他死后酿成了悲剧，害死了有能力做皇帝的长子扶苏。

当时朝廷里，有两个对立的政治集团，他们的势力不相上下，一边是以长子扶苏和大将军蒙恬为代表的集团，另一边是幼子胡亥与宦官赵高的集团。扶苏爱民如子，谦虚待人，为人正派，深受百姓的爱戴，在全国的声誉也很高。秦始皇本来就想立扶苏为太子，但是觉得他性格不够刚毅，为了锻炼他，使他的性格变得果敢一些，就派他协助著名的将领蒙恬修筑长城，抵御北方的匈奴。而秦始皇的幼子胡亥在皇宫里被娇生惯养，整天无所事事，只知吃喝玩乐。

公元前 210 年，秦始皇南巡，这已经是他第五次南巡了，没想到这一去，就命丧路上。南巡的队伍到达平原津（今山东省平原县附近），秦始皇突然病得很厉害，在太医的调治下也不见好转。这时候，秦始皇终于意识到自己大限将至。此时的他还算英明，做出了正确的决策：紧急召见随行丞相李斯，要李斯传达密诏，立长子扶苏为太子。然而偏偏事不遂人愿，他这个英明决定却被奸人给扼杀了。

当时掌管玉玺和起草诏书的是宦官赵高。赵高有野心也不是一天两天了，这个密诏对他来说，真是天上掉下来的机会，他故意扣压密诏，等待时机。

短短几天后，秦始皇在沙丘平台（今河北省广宗县境）驾崩。可惜扶苏在遥远的边关，对这一切毫不知情。李斯怕太子回来执政之前政局动荡，引起内乱，所以秘不发丧。而这也帮助了赵高的阴谋得逞。

赵高秘密去找李斯，告诉李斯在始皇信中的内容，是要立扶苏为太子，信暂时还被他扣着。所以，立谁为太子，让谁执政，他们俩就可以做出决定。奸诈的赵高又对李斯讲明利害，说如果将来扶苏做了皇帝，一定会重用他身边的大将军蒙恬，到那个时候，宰相的位置轮不到李斯了。赵高的一番花言巧语，果然说服了李斯，于是二人合谋，制造假诏书，赐死毫不知情的扶苏，就连蒙恬也被一同处死了。

赵高没费一兵一卒，只用偷梁换柱的手段，就把昏庸无能的胡亥扶上帝位，成为后来残暴的秦二世，从而令他自己今后独揽朝政，但同时这也为秦朝走向灭亡埋下了祸根。

图穷匕见

【释义】 比喻事情发展到最后，终于显露出真相或本意。

【出处】《战国策·燕策三》：轲既取图奉之。发图，图穷而匕首见。

【故事】 战国末期，秦王嬴政南征北掠，横扫六合，并吞八荒，一心想成为统一中原的千古第一人。这让当时各为一方霸主的六个诸侯国非常痛恨但又畏惧，因为秦军的十万铁骑是任何一个诸侯国难以抗衡的。于是，不敢跟秦军直接交锋的诸侯国就开始策划一个个刺杀秦王的计划，其中最著名的莫过于荆轲刺秦王。

荆轲，战国末期卫国人，春秋时期齐国大夫庆封的后代，是一个很有本领的勇士，被燕太子丹收在门下，奉为上宾。荆轲很感激太子丹，一心想报答他的这份知遇之恩。

公元前232年，秦国大将王翦占领了赵国都城邯郸，秦军一路向北，继续向燕国逼近。太子丹看到形势紧迫，非常焦急，就去找荆轲商量："燕国的军队和秦军直接交锋，无异是以卵击石。如果要联合各国合纵抗秦，现在是来不及了。我想派一位勇士，扮成使者去见秦王，用武力逼他退还燕国的土地。秦王要是答应了最好，要是不答应，就把他刺死。您看行不行？"

荆轲说："行是行，刺杀必须要挨近秦王身体才行。而挨近秦王，就必定先叫秦王相信我们是诚心向他求和去的。我听说秦国将军樊於期流亡到了燕国，秦王正在悬赏通缉他。另外秦王一直想得到燕国最肥沃的土地督亢。如果我能拿着樊将军的人头和督亢的地图去献给秦王，他一定会接见我。"太子丹很为难地说："督亢的地图好办，可樊将军受秦国迫害，特地来投奔我，我怎么忍心伤害他呢？"

荆轲知道太子丹心里不忍，便私下去找樊於期，说了自己的计划。樊於期听荆轲说要去刺杀秦王，觉得用自己的人头去帮助荆轲刺杀秦王，既了却自己的心愿，又可报太子丹知遇之恩，于是很痛快地自刎了。太子丹交给荆轲一把淬了剧毒的锋利匕首，此匕首只要轻轻刺破人的皮肉，那人就会立刻气绝身亡。以防万一，太子丹还派了勇士秦舞阳做荆轲的副手。

公元前227年，荆轲准备前往秦都咸阳。太子丹和少数知道这件事的人都穿上白衣白帽去送荆轲。在易水边上，送行的高渐离击筑，荆轲高声唱道："风萧萧兮易水寒，壮士一去兮不复还。"听到荆轲如此悲壮的歌曲，送行者知道他将去无回，都伤心得流下眼泪。荆轲拉着秦舞阳跳上车，头也不回地走了。

到了咸阳后，荆轲用重金贿赂秦王的宠臣蒙嘉，求得一个朝见秦王的机会。到了秦王的宫殿，荆轲和秦舞阳分别捧着装有樊於期头颅的盒子和督亢的地图，一步步走上朝堂的台阶。到了宫殿台阶前，秦舞阳忽然吓得变了脸色，秦王和大臣们都非常奇怪，荆轲笑着看了秦舞阳一眼，说道："北方粗陋之人，从未见过天子近颜，所以害怕，请大王原谅。"秦王点点头，让荆轲一个人送上装有樊於期头颅的木匣和地图。

地图一卷一卷地打开，到最后全部打开时，预先卷在地图里的匕首就露了出来。荆轲左手揪住秦王的袖子，右手拿起匕首就向秦王胸部刺去。秦王一惊，站了起来，挣断了衣袖跳过旁边的屏风，要往外跑，荆轲已经拿着匕首追了上来。秦王只好绕着朝堂上的大铜柱子跑，荆轲在后面紧追。

大殿上有很多官员大臣，但是因事发紧急，又手无寸铁，一时不知如何应对。而带有武器的侍卫未经秦王诏谕是不能上殿的。众人待在大殿上只能干着急，看着两人一追一躲。随侍的御医夏无且首先清醒过来，提起手上的药袋就向荆轲砸去，其他人叫喊道："大王背着剑！"趁荆轲躲药袋的工夫，秦王猛地拔出宝剑将荆轲的左腿砍断了。荆轲倒在地上，"嗖"的一声把匕首向秦王投击过去。秦王往右边飞快地一闪，那把匕首擦着他耳边飞过，打在后面的铜柱上，"嘣"的一声直冒火星。

秦王嬴政见荆轲手里没有武器了，又上前向荆轲刺了几剑。这时侍卫们也已经赶上殿来，将荆轲杀死。荆轲刺秦失败了，秦军挥兵北上，大举伐燕。

兔死狗烹

【**释义**】 兔子死了，猎狗也就被煮来吃了；比喻事情成功之后，把有功的人抛弃或杀掉，多指统治者杀戮功臣。

【**出处**】《史记·越王勾践世家》：飞鸟尽，良弓藏；狡兔死，走狗烹。

【**故事**】 春秋时期，吴越之间经常发生战争，越王勾践和吴王夫差的故事，堪称经典中的经典。公元前 494 年，吴国大败越国，越王勾践委曲求全，向吴国投降，去给吴王夫差当奴仆。在吴国屈辱的奴仆生涯中，勾践为了不忘国耻，每天晚上睡在柴草上，每次吃饭之前都要先尝一口苦胆。公元前 490 年，在大夫范蠡的帮助下，越王勾践终于骗得夫差的信任，被释放回国。经过十年的奋斗，越国终于打败了吴国。

勾践卧薪尝胆确实需要勇气和毅力，但是一个人的力量难以成就大事，在越王勾践报仇雪恨的过程中，有两个十分重要的人——范蠡和文种，他们起了关键性作用。当年，越国在会稽山一战中大败，国力不足与吴国相抗。范蠡和文种两个大臣就和越王勾践商议怎样才能报仇雪耻。范蠡劝勾践主动向吴王示好，以便争取时间发展生产，增强国力，提高军事力量。于是，勾践便主动去给吴王夫差当奴仆，以麻痹夫差，给越国争取休养生息的机会。

打败越国后，夫差当上了一代霸主，越王勾践还俯首为奴，夫差就骄傲了起来，一味贪图享乐。文种劝勾践向吴王进贡美女，越王勾践就派人到处物色美女，结果在浣溪边找到了容貌美丽、身材窈窕的美女西施。越王派范蠡把西施献给了夫差。夫差一见宛如天仙下凡的西施，顿时被迷住了，对她宠爱得不得了，也逐渐放松了对勾践的监视。

看着夫差越来越迷恋西施，文种和范蠡继续帮助勾践取得夫差的信任。他们设计让夫差杀了忠臣伍子胥，还送给夫差浸泡过、不能发芽的种子，害得吴国当年颗粒无收，到处闹饥荒，国内人心大乱。十年后，勾践大举进攻吴国，打败夫差，灭掉了吴国。

越国之所以能够顺利灭掉吴国，范蠡和文种是最大的功臣。勾践在灭掉吴国后，也顺理成章地奖励范、文二人，拜范蠡为上将军，文种为丞相。但是，令人意外的是，范蠡不仅没有接受封赏，反而不顾勾践的再三挽留，离开越国，隐居齐国。范蠡离开后，因为挂念好朋友文种，就派人悄悄送了一封信给文种，在信上告诉他："你也赶快离开吧，我们的任务已经完成了。勾践心胸狭窄，只可共患难，不可共富贵。飞鸟尽，良弓藏；狡兔死，走狗烹。"

但是，一心忠于越王勾践的文种不愿离开越国，他不相信越王会加害自己，于是回信说："我此前立下汗马功劳，现在正是该享受的时候，怎么能现在就走呢？"然而，在文种当丞相不久，勾践就给他送来当年夫差让伍子胥自杀时用的那把剑，同时带了一封信，上面说："先生教给寡人七种灭吴的办法，寡人只用了三种就把吴国给灭了。还剩下四种没有用，就请先生带给先王吧。"

文种一看就明白了，后悔当初没有听范蠡的话，无奈之下只好举剑自杀了。

退避三舍

【释义】 比喻退让和回避，避免冲突。

【出处】《左传·僖公二十三年》：晋楚治兵，遇于中原，其辟君三舍。

【故事】 春秋战国时，晋献公因为听信谗言，杀掉了太子申生。后来，奸臣又说申生的异母弟弟重耳也有谋反之心，晋献公便派人去杀重耳。重耳知道这个消息后，在手下人的保护下逃亡到其他国家，在外流亡了十几年。

在流亡期间，重耳来到楚国，楚成王知道自己的国家来了一个晋国的王子之后，便开始留心这个人的一举一动。经过一段时间的跟踪，他发现重耳是个特别有见地的人，不仅文质彬彬，而且对政治有自己的看法。楚成王认为重耳日后必定会有一番大的作为，便以国君之礼相迎，待他如上宾。

有一天，楚成王设了一个盛大的晚宴招待重耳，两人饮酒叙话，气氛十分融洽。重耳向楚成王提出了许多有意义的建议，也谈到自己身世的凄苦。忽然，楚成王问重耳："如果有一天，你能回到晋国，又能当上国君，我们相见就不是今天这种局面了，不敢说让你归顺于我，但是你要怎么样报答我呢？"重耳略一思索说道："大王您有的是美女侍从、珍宝丝绸，珍禽羽毛、象牙兽皮更是楚地的盛产，重耳实在想不出有什么珍奇物品献给大王。"

楚成王看了看重耳，说道："公子实在是过谦了。话虽然是这么说，但是如果您想表示，总是能找到我所没有的东西。"重耳看到楚成王的表情，笑了笑回答道："重耳要是能托您的福，真的回到晋国，又真的当上国君，那么我将愿与贵国友好。假如有一天，晋楚两国之间发生战争，我一定命令军队先退避三舍（古以三十里为一舍，一舍相当于一千五百米），如果这样还不能得到您的原谅，我再与您交战。将来鹿死谁手，我也不能预料。"

果然，四年之后，重耳真的回到晋国当了国君，成为历史上有名的晋文公。他多年流亡在外的经历，也令其阅历大增，处理起事务来显得得心应手，晋国在他的治理下日益强大。

公元前 633 年，楚国和晋国的军队在作战时相遇。晋文公为了实现他当初许下的诺言，真的下令军队后退三舍，驻扎在城濮，以报楚成王当年的礼遇之恩。楚军见晋军后退，以为是对方害怕自己强大的军队，马上派出大队人马追击，而晋文公在实现了自己的诺言之后，要求晋军全力以赴，回击楚军。他们利用楚军骄傲轻敌的弱点，集中兵力，大破楚军，取得了最后的胜利。

后人一般用"退避三舍"来形容一再地避让和退缩。

亡羊补牢

【释义】 羊逃跑了再去修补羊圈，还不算晚；比喻出了问题以后想办法补救，可以防止继续受损失。亡：逃亡，丢失。牢：关牲口的圈。

【出处】《战国策·楚策四》：见兔而顾犬，未为晚也；亡羊而补牢，未为迟也。

【故事】 战国时期，楚国有一个很有才能的大臣叫庄辛。庄辛看到楚顷襄王贪图享乐，不理朝政，就诚恳地上谏道："大王在宫里的时候，左边是州侯，右边是夏侯；出去的时候，鄢陵君和寿陵君又总是紧跟您左右。大王和这四个贪图享乐的人在一起久了，就会受他们影响，没时间管理国家大事了。一直这样下去，楚国必定会出现危机。"

楚顷襄王听了，非常不高兴，就训斥庄辛道："你是老糊涂了，故意说这些险恶的话惑乱人心吗？"庄辛诚恳地回答说："微臣确实认为事情已经到了不得不说的地步了，实在不敢故意说我楚国有什么不幸。但如果大王一直宠信这四个人，那么楚国必定会灭亡。大王如果不相信我的话，就请允许我到赵国避一避，看事情究竟怎样发展。"楚顷襄王答应了庄辛的请求，庄辛便去了赵国。

五个月后，秦国果然派兵伐楚，楚军大败，楚顷襄王被迫流亡到阳城，这才想起庄辛的话没有错，于是楚顷襄王赶紧派人把庄辛找回来，惭愧地说："我当时没有听先生的话，竟落得今天这个下场。现在已经这样了，应该怎么办呢？"庄辛说："看到兔子才想起猎犬，还不算太晚；羊跑掉了才补羊圈，也还不迟。"

成语"亡羊补牢"就出自庄辛劝说楚顷襄王的这则故事。"亡羊补牢"有两层意思：

一是说自己已经知道错了，或者别人提醒自己发现错误，但当时觉得错误很小，不足为患，就没加以注意和改正。结果错误越来越大，再想去补救时，已经有点晚了。比如楚顷襄王已经被人打败了，人们就说："亡羊补牢，为时晚矣！"

"亡羊补牢"的另外一层意思是，犯错误、遭挫折是每个人都会碰到的事情，只要能认真吸取教训，及时采取补救措施，就可以避免继续犯错误，防止遭受更大的损失。所以，人们就说："亡羊补牢，未为迟也。"

望尘而拜

【释义】 指迎候显贵，望见车尘就叩拜，形容对权贵卑躬屈膝的丑态。

【出处】《晋书·潘岳传》：与石崇等诌事贾谧，每候其出，与崇辄望尘而拜。

【故事】 潘岳，字安仁，是西晋著名的文学家。潘岳从小受到很好的文学熏陶，被乡里称为神童，长大以后更是名噪一时。他擅长文赋，辞藻华美，与文豪陆机齐名，世称"潘陆"。

潘岳虽然才华非常高，可天生就一副奴颜媚骨样。他喜欢追名逐利，趋炎附势，时常与著名的富豪石崇一起去巴结奉承当时有名的权臣贾谧。贾谧是当时的国丈贾充之孙，皇后贾南风的侄子。当时的皇帝晋惠帝是中国历史上有名的昏君，但是这个昏君和隋炀帝、纣王这些昏君不一样，他不是刚愎自用、荒淫无度，而是心智不健全，被别人称为傻皇帝。

有一次，国家发生饥荒，到处都是缺衣少粮的灾民，大臣把这件事情禀告给皇帝，晋惠帝竟然说："百姓没有粮食吃，为什么不去吃肉呢？"晋惠帝并没有实权，当时晋朝的权力都被外戚贾氏牢牢抓在手中。贾谧就是这样凭仗着祖父与姑母的势力，轻而易举地成为权倾朝野的重臣，因此也成为潘岳这样的人争相阿谀奉承的对象。

为了讨取贾谧的欢心，潘岳与石崇想尽办法。他们为了表现对贾谧的忠心，每次见到贾谧的车驾从旁边经过时都要对着车轮卷起的尘土三拜九叩，大行叩拜之礼。潘岳的母亲对他这样的行为有很大的看法，时常规劝他说："你的职位已经做到黄门侍郎了，俸禄也很丰厚，应该知足了。可是你为什么还总是一天到晚奉承那些人呢？难道就没有一点儿读书人的傲骨吗？你这样阿谀奉承贾氏，一旦贾氏失势，你想后悔都来不及了。"然而潘岳依旧我行我素，把母亲的话当成耳旁风。

后来，晋朝的王族不甘心贾家一门一直把持朝政，就想尽办法打击贾家的势力，扩充司马氏的力量。这样在朝廷内部就出现了权力之争，权力之争又迅速地演变成了诸侯王之间的混战，这就是历史上有名的八王之乱。在动乱中，贾氏被赵王司马伦消灭，潘岳被指认为贾氏的党羽，处以极刑。到行刑的时候，潘岳想起母亲曾经的劝告，非常后悔自己当初为什么不听母亲的话，约束自己的行为，但是已经晚了。

韦编三绝

【释义】 *形容读书刻苦勤奋。韦：熟牛皮。三绝：多次断开。*

【出处】 **《史记·孔子世家》：读《易》，韦编三绝。**

【故事】 孔子是我国春秋末期的一位思想家、政治家，儒家学派的创始人，世界最著名的文学名人之一，编撰了中国第一部编年体史书《春秋》。孔子是鲁国人，先祖为宋国贵族。孔子对后世的影响十分深远，虽然常常有人说他是述而不作，但孔子在世的时候已经被时人誉为"天纵之圣""天之木铎""千古圣人"，这在当时的社会是给予博学者的最高称号。

孔子多才多艺，学识渊博，虽然幼年家境贫寒，没能受到良好的教育，但在自学的过程中特别刻苦。他从十五岁开始发愤读书，不耻下问：请教过官威显赫的大官，请教过一般老百姓，请教过白发苍苍的老人，也请教过头上梳着小辫子的儿童。孔子特别虚心好学，常常挑灯夜读，学无常师，年轻时就在当地小有名气。

春秋末期的时候没有纸张，制作书籍的材料主要是竹子。通常情况下，是把竹子削成一片一片的竹签，刮去上面的青皮，用火烘干后在上面刻字，称之为竹简。竹简大部分都是有一定的长度和宽度，而一片竹简只能写一行字，至多几十个。用竹简把要写的内容写完后，还要用牛皮绳子把这些竹简按照书写顺序编缀起来，这就叫作韦编，后来泛指古籍。

由于一片竹简只能写很少的字，所以如果一部书的字数相当多的话，那就需要许多片竹简来完成，动辄几十斤，甚至上百斤，有些时候即便是几百斤的竹简，也不能完成一部书。孔子到了晚年开始学习《易经》。这是一部很难懂的古书，为了把它的内容研究明白，孔子费了很多时间和精力才完成第一遍的通读。为了给弟子们讲解《易经》的基本要点，孔子又仔细阅读，重点跳读，完成了第二遍阅读，这时他的《易经》的牛皮绳子已经磨断了。接着，他又读第三遍，对其中的精神、实质有了比较透彻的理解。就这样反反复复地读书，他不知翻阅了多少遍《易经》，编缀竹简的牛皮绳子一次又一次换成新的。即使读到这种地步，孔子还说："要是能给我多一些时间来阅读这部书，我想我会了解得更加透彻。"

孔子一生中著述颇丰，曾修《诗经》《尚书》《礼记》等几部书，对古代文化的保存和发展起到了非常积极的作用，因此他被后世奉为儒家大师。

后人一般用"韦编三绝"来形容读书十分用功。

闻鸡起舞

【释义】 听到鸡叫就起来舞剑，比喻志士及时奋发努力。

【出处】《晋书·祖逖传》：中夜闻荒鸡鸣，蹴琨觉，曰："此非恶声也。"因起舞。

【故事】 晋代人祖逖，生性豁达，轻财重义，具有远大抱负。祖逖很小的时候父母双亡，由哥哥抚养长大。由于从小无人监管，所以他不爱读书，是个非常淘气的孩子，哥哥为此很忧虑。可是乡邻很喜欢祖逖，因为他为人豪爽，讲义气，总是帮助别人。

长大以后，祖逖才意识到自己小时候太贪玩了，学识过于浅薄，他觉得如果自己再不抓紧时间好好读书，就无法报效国家，于是就发愤图强，认真读起书来。他广泛阅读了大量书籍，认真学习历史，获得了丰富的知识，学问也有很大的长进。他先后几次进出都城洛阳，向有学问的人学习、请教。认识他、接触过他的人都说，祖逖是个很有能力的人，能够辅佐帝王治理国家。在祖逖二十四岁的时候，曾有人推荐他去都城做官，他没有去，仍然留在家中继续努力读书。

后来，祖逖和小时候的好朋友刘琨一起在司州做主簿。主簿是掌管文书簿籍的小官。他们俩的感情深厚，不仅晚上常常两人同床而卧、同被而眠，而且他们的远大理想都是建功立业、复兴晋国，做国家的栋梁之材。他们在一起工作，在一起读书，后来北方的少数民族入侵中原，他们就想报效祖国，于是两个人又一起切磋武艺。

有一天，半夜里祖逖在睡梦中听到公鸡在打鸣，他把刘琨叫醒了，对他说："半夜听见鸡叫别人都觉得不吉利，可我就不这样认为。以后咱们干脆夜里听见鸡叫就起床一起去练剑怎么样？"刘琨立刻欣然同意。从此以后，他们每天一听见鸡叫就起床练剑。冬去春来，寒来暑往，他们俩从来没有间断过练武。

工夫不负有心人，长期以来不懈的刻苦学习和训练，使他们文武双全，不光能写一手好文章，还能带兵打胜仗。后来祖逖被皇上封为镇西将军，他报效国家的愿望终于实现了；刘琨做了征北中郎将，还兼管三州的军事，他的文才武略也得以充分发挥。

卧薪尝胆

【释义】 睡觉睡在柴草上，吃饭睡觉都尝一尝苦胆，形容人刻苦自励，发愤图强。卧薪：睡在柴草上。尝胆：尝苦胆。

【出处】《史记·越王勾践世家》：越王勾践反国，乃苦身焦思，置胆于坐，坐卧即仰胆，饮食亦尝胆也。

【故事】 春秋时期，吴越两国相邻，经常打仗争夺疆域。公元前496年，吴王阖闾兴师伐越。吴越两军在檇李（zuì lǐ，今浙江省嘉兴南）交战，吴王阖闾被越王勾践的大将灵姑浮砍中了右脚，最后伤重而亡。临死前，阖闾让儿子夫差给他报仇。

夫差即位后，励精图治，勤练兵马。公元前494年，夫差在夫椒山（今江苏省苏州市西南太湖中）大败越国，报了父仇，越王勾践被迫退居到会稽。吴王夫差派兵追击，把勾践围困在会稽山上，情况非常危急，勾践绝望地想自杀。这时，大夫文种说，夫差是个贪财好色的人，喜欢让人奉承他，不如送他一些金银财宝和几个美女，向他求情，拖延时间，日后再报今日之仇。

勾践采纳了文种的意见，让他带着越国的许多美女和金银财宝，去贿赂吴国太宰伯嚭，请伯嚭向吴王求情。文种把美女和珍宝献给夫差后，诚恳地对夫差说："越王愿意投降做您的臣下伺候您，请您能饶恕他。"旁边的伯嚭也帮着文种说了一些话。听到勾践愿意服侍自己，还送来美女，夫差就答应了文种的请求，而没有听从伍子胥的治病要除根的忠告。

越王勾践投降后，便和妻子住在夫差父亲阖闾墓旁的石屋里，帮夫差看守坟墓和饲养马匹。夫差每次出游时，勾践就乖乖地拿着马鞭，毕恭毕敬地跟在后面。甚至在夫差生病时，勾践还尝过夫差的大便，以推算夫差病愈的时间。最后，勾践终于赢得了夫差的欢心和信任。公元前490年，勾践和妻子被放回越国。

回到越国后，勾践发愤图强，立志要报三年之耻。他担心自己贪图安逸的生活，忘了国耻，就依旧每晚睡在稻草堆上，头枕着兵器。他在自己的屋子里挂上一只苦胆，每天早上起来后就尝尝苦胆，然后让卫士们每天问他："你忘了三年的耻辱了吗？"勾践派文种管理越国的政事，范蠡管理军事，他自己则亲自和百姓共同耕种。越王勾践的行动令越国军民大为振奋，大家同心协力，慢慢让越国强大起来。与此同时，夫差则沉迷于美人和珍宝，骄傲自大，四处征战，还杀了忠臣伍子胥。

十年后，越国终于兵精粮足，转弱为强，打败了吴国，吴王夫差被迫自杀。后人敬佩勾践韬光养晦、终得报仇的行为，就从上面勾践报仇的故事中提取出"卧薪尝胆"这个成语，用来形容人刻苦自励，发愤图强。

五十步笑百步

【释义】 作战时后退了五十步的人讥笑后退了百步的人，比喻自己跟别人有同样的缺点错误，只是程度上轻一些，却毫无自知之明地去讥笑别人。

【出处】《孟子·梁惠王上》：填然鼓之，兵刃既接，弃甲曳兵而走，或百步而后止，或五十步而后止。以五十步笑百步，则何如？

【故事】 春秋战国时期，各诸侯国都在开拓疆域，奴役百姓，让少壮者参加军队打仗，连年征战，但他们丝毫没意识到自己的暴行。梁惠王对孟子说，他对百姓非常好。河西的年景不好，他就把河西的灾民移到河东去，还把粮食运到河西，给那些没有搬走的灾民吃；河东荒年的时候，他也同样设法救灾。别国的国君从来都没有他这样好心，为什么别国的百姓没有大量奔往梁国，梁国的百姓也没明显地增加呢？

孟子没有直接回答梁惠王的问题，而是说："战鼓'咚咚'响，战场上士兵们兵刃相接尽力拼杀。战败的士兵立刻丢盔弃甲拖着武器赶紧逃命，有的跑到五十步才停下来，有的跑到一百步才停下来。这时候，逃五十步的人嘲笑那个逃一百步的人胆小怕死。大王说对吗？"

梁惠王："当然不对！在战场上逃跑就是逃跑了，五十步和一百步没有区别。"

孟子说："大王既然明白这个道理，怎么能够希望你的百姓会比邻国的多呢？"逃五十步和一百步，虽然在数量上有区别，但在本质上都是逃。梁惠王尽管给了百姓一点儿小恩小惠，但他发动战争、欺压黎民百姓这点上，跟别国的暴君没有本质的差别。"五十步笑百步"告诉我们，看事情要看本质，不要被表面现象所迷惑。

物以类聚，人以群分

【释义】 比喻趣味相投的人总是自然而然地聚在一起，含有贬义。

【出处】《周易·系辞上》：方以类聚，物以群分。

【故事】 战国时期，齐国有个很有名的学者叫淳于髡，他习惯用寓言故事、民间传说、山野逸事等来劝谏齐宣王，这样既生动有趣又富有哲理，齐宣王很是受用。齐宣王见秦国四处招揽贤士，得人而治，越来越强盛，就也开始招贤纳士，准备壮大齐国，成就一方霸主。没想到，一天之内淳于髡一口气举荐了七位贤良之士。

齐宣王非常惊诧，就问淳于髡说："寡人听说，人才是非常珍稀的。如果能在方圆千里的范围内找到一位贤人，那么天下的贤人就多得可以肩并肩地排成行站在你面前；如果能在古今上下近百代的范围内出现一个圣人，那么世上的圣人就多得可以脚跟挨着脚跟地向你走来。先生一天之内就举荐了七位贤人，是不是太多了点儿？"

淳于髡笑着回答说："大王可听过人以群分，物以类聚？同类的鸟儿总是聚在一起翱翔、休息；同类的野兽也是在一起行动、生活。如果我们去低洼潮湿的地方去寻找柴胡、桔梗这些植物，恐怕永远无法找到，但如果是在山上找，那就多得用车都装不完。世间万物，都是同类相聚在一起的。我淳于髡也算一个贤士，和我交往的人也个个都是德才皆备的贤士。大王让我举荐贤士，就好像在黄河里取水，在火石中取火一样容易。今后我还会给大王举荐更多的贤士呢，哪里只有七个这么少。"

齐宣王频频点头，茅塞顿开，对淳于髡更加信服了。"物以类聚，人以群分"就出自淳于髡和齐宣王对答的故事，后来用于比喻情趣相投的人总是自然而然在一起。发展到现在，此成语多少有点贬义。不过是褒义还是贬义，还得看具体使用场景和情况。

先声夺人

【释义】 先造成声势，以破坏敌人的士气，或指先张扬自己的声势以压倒对方，比喻做事抢先一步。声：声势。夺人：动摇人心。

【出处】《左传·宣公十二年》：先人有夺人之心，薄之也。

【故事】 士气对军队的作战是十分重要的，勇猛的气势往往会令对方大为震骇，甚至不战而逃。

春秋宋元公时，以宋国司马华费遂为首的华氏家族权倾一时，其子华貙（chū）、华多僚和华登三人也是宋国宫廷中炙手可热的风云人物，颇受宋国国君重视。华多僚因为能言善辩，深得国君宋元公的信任。为了巩固自己的地位，华多僚就经常在宋元公面前说两个弟兄的坏话，致使华登被迫逃亡到国外。华多僚见离间计已显成效，就继续在宋元公面前诬陷华貙，说他和已经逃亡的华登私通，意图谋反。宋元公禁不住华多僚的再三挑拨，便派人通知华费遂，叫他驱逐华貙。

知子莫若父，华费遂不用猜就知道是心胸狭隘的华多僚在陷害自己的兄弟，非常伤心和气恼，恨不得杀了这个忤逆子，但又只得执行宋元公的命令，利用华貙打猎的机会，打发他逃走。华貙也很快了解到是华多僚干的坏事，本想杀了他，但又怕惹父亲伤心，于是决定逃走。临行时，华貙打算去跟父亲告别，不料遇到了华多僚，华貙一时气急攻心，就与侍从杀死了华多僚。

杀了国君最宠信的华多僚，华貙知道自己难逃一死，就一不做，二不休，召集逃亡的人一起反叛宋国。逃亡在外的华登听说了，也从吴国带来一支军队，前来支持华貙攻打宋国。从当时的情况来看，叛军包括华氏家族军和华登率领的吴军，人多势众，力量强于宋元公的宋军，宋元公因此非常紧张。眼看华登的队伍快要来到都城，宋国一位名叫淄的大夫就对宋元公建议："兵书《军志》上有这样的话：先向敌人进攻可以摧毁敌人的士气，后向敌人进攻要等待他们士气衰竭。何不乘华登的军队很疲劳和还没有安定而进攻？如果敌人已经来到而且稳住，他们的人就多了，到那时我们就后悔不及了。"

宋元公听从了淄的建议。经过激烈的战斗后，宋军击败了部分叛军，俘虏了两个将领。但是，华登率领余部又击败了宋军。宋元公想逃，淄拦住他说："我只不过一介小民，可以为君王战死，但不能护送您逃跑。请君王等待我决一胜负吧！"说完这些话，淄一面巡行，一面向军士们喊道："是国君的战士，就挥舞旗帜！"军士们大受鼓舞，争相挥动起旗帜。宋元公看到这种情况，也壮着胆下城巡视，对军士们说："国家败亡，国君死去，这是大家的耻辱，不仅是我一个人的罪过。与其这样受辱，不如大家拼死打一仗吧！"宋国的将士们看到国君亲临战场，深受感动，就开始和叛军展开殊死搏斗。

俗话说：两军交锋，勇者胜。宋军的勇猛气势使吴军大为震骇，淄趁机冲到前面刺死华登，将他的头砍下，裹在战袍里，一边奔跑一边喊道："我杀了华登！我杀了华登！"华氏军闻声大乱，很快被宋军打败了。

有人说，淄砍下的人头其实并不是华登的，他那样说只是为了在声势上吓倒叛军，瓦解他们的意志，从而获得战争的胜利。后来，人们就用"先声夺人"来形容聪明人抢先一步张扬自己的声势，从声势上压倒对方。

项庄舞剑，意在沛公

【释义】 项庄席间舞剑，企图刺杀刘邦，比喻说话和行动的真实意图别有所指。

【出处】《史记·项羽本纪》：今者项庄拔剑舞，其意常在沛公也。

【故事】 秦末战争中，刘邦与项羽各自率部下攻打秦朝的军队。由于战区分工不同和刘邦谋士的建议，实力比较弱的刘邦却率先攻下咸阳。按照曾经"先入咸阳者为王"的约定，刘邦应为王。这令项羽勃然大怒，因为刘邦答应过他不先入咸阳，于是项羽立刻派英布袭击函谷关，项羽军队也入驻咸阳。刘邦虽然有雄霸天下的野心，但知道当时实力悬殊，无法和势头正猛的楚军抗衡，就乖乖地等项羽来封王，没有自己称王。

项羽大军进驻鸿门后，刘邦的左司马曹无伤派人在项羽面前说刘邦打算在关中称王，项羽听后更加愤怒，命令次日一早让兵士饱餐一顿，准备击溃刘邦的军队。项羽的叔父项伯和刘邦手下的大将张良交好，就把此事告诉了张良。张良立即把此事告知刘邦。刘邦大为震惊和感动，两手恭恭敬敬地给项伯捧上一杯酒，感谢他重情重义之举，并约为亲家，请项伯在项羽面前说情，并约好次日就前去拜见项羽。

项伯回去后就极力为刘邦求情，项羽便设宴款待刘邦，即有了历史上赫赫有名的鸿门宴。

鸿门宴上，美酒佳肴，宾客皆欢，但却处处暗藏杀机。亚父范增一直认为刘邦是项羽称霸天下的最大威胁，力主杀掉刘邦，于是在酒宴上频频示意项羽发令。但项羽犹豫不决，默然不应。范增大急，就召项庄舞剑为酒宴助兴，趁机杀掉刘邦。项伯看出项庄的用意，也拔剑起舞，掩护刘邦。刘邦随行的谋士张良看事情紧急，便出去找到刘邦的部将樊哙，对他说："沛公现在很危险，项庄表面上舞剑助兴，但实际上想杀沛公。"樊哙听后，立刻持剑拥盾强行进了营帐，怒视项羽。

项羽见此人气度不凡，在得知是刘邦的战将时，即命赐酒。樊哙爽快地喝了酒，并乘机说了一通刘邦的好话，责备项羽听信谗言，误杀忠臣。项羽一时无言，刘邦乘机推说要去方便，逃回了自己的军营。刘邦谋士张良来到酒宴上说刘邦不胜酒力，已经被部下抬回军营了，无法前来道别，特向大王献上白璧一双，并向大将军范增献上玉斗一双。项羽颔首收下了白璧，而范增却气得拔剑将玉斗砍碎，啐了一口道："竖子不足与谋！"摔身出门。

成语"项庄舞剑，意在沛公"就出于鸿门宴这个典故，用来比喻表面上有正当名目，实际上却别有用心。

休戚相关

【释义】 彼此之间的忧愁、喜乐、祸患、幸福都关联在一起，形容彼此关系密切，利害一致。休：喜悦。戚：忧愁，悲伤。

【出处】《国语·周语下》：晋国有忧，未尝不戚；有庆，未尝不怡……为晋休戚，不背本也。

【故事】 晋悼公姬周，听从大夫魏绛建议，推行"和戎狄"的政策，同戎狄相处融洽。他在位时九年内九合诸侯，将晋国霸业推至巅峰。这个晋国最有威望的国君，在早年就体现出爱国护民的贤德，成语"休戚相关"就是由他而来。

姬周是晋襄公的曾孙，但他们祖孙四代都受到晋国主宗的排挤，无法留在国内。其中，姬周就客居在周地洛阳，在周朝世卿单襄公手下做事。姬周虽然客居他乡，但行为举止颇有大家风范：站立的时候稳稳当当，毫无轻浮的举动；看书的时候全神贯注，目不斜视；

听人讲话的时候恭恭敬敬，很有礼貌；自己说话的时候总是忘不了忠孝仁义；待人接物的时候总是十分友善、和气。他自己虽然身在周地，可是听说自己的祖国晋国有什么灾难时就忧心忡忡，听说晋国有什么喜庆的事情时就非常高兴。

姬周的所有这些表现，单襄公都看在眼里，认为他的言谈举止非常符合君王的风范，定非池中之物。姬周离开晋国多年，还将自己的忧愁喜乐与晋国的命运连在一起，是不忘本的表现，将来一定大有前途，肯定能回到晋国去做个好国君。于是单襄公就更器重他，常常把姬周请到自己家里，就像对待贵宾一样招待他。事实证明，单襄公果然是识得千里马的伯乐。

不久，晋国国内发生了内乱，晋厉公被大夫栾书、中行偃所杀，晋国政局陷入了大动荡。国不可一日无君，晋国大夫很快派人到洛阳把姬周接回去做了晋国的国君，就是晋悼公。

晋悼公姬周即位时年仅十四岁，但却肩负着复兴霸业的重任。因为姬周在周朝的名声很大，晋国朝野上下都对他寄予厚望。首先，晋悼公将厉公之死归罪于厉公心腹夷羊五等人，既对厉公被杀向国民作了交代，又巩固了与正卿栾氏和大族中行氏的关系，稳定了厉公被杀后的混乱局面。

要想得到大臣的支持，就得给予他们信任和权力。为了平衡卿大夫之间的关系，晋悼公又对世代有功的其他旧族委以重任，一反景、厉两代打击世卿的方针，消除了君臣之间的信任危机。

晋悼公执政后的主要策略就是以德治国。他放弃公私旧债，减轻赋税劳役，缩减开支，禁止浪费。德政的施行让晋国子民逐渐认识到国君的仁慈，国内矛盾趋于缓和，社会生产力得到发展。

晋悼公以仁义政策对待中原诸侯，革除外交弊政，重新制定和同盟国的朝聘和贡纳制度，以减轻朝贡太重的诸侯国的负担，平均劳役，公允地处理同盟内部的事务。结果，他这种公平仁义的做法，赢得各同盟国的普遍认同和拥护。于是，同盟稳固的晋悼公开始与楚国争霸。

晋悼公不断召集诸侯会盟，八年内九合诸侯，将齐、鲁、宋、郑等国紧密团结在晋国周围，有效地孤立了楚国，将晋国的霸业推至巅峰。

看一个人的行事作风，就可以观察一个人的未来。后来，人们用"休戚相关"来提醒大家要注意加强内部联系。

悬梁刺股

【释义】 只要付出时间和精力，就会有收获，用以激励人发奋读书，刻苦学习。

【出处】 ①《汉书》：孙敬，字文宝，好学，晨夕不休。及至眠睡疲寝，以绳系头，悬屋梁。

②《战国策·秦策一》：（苏秦）读书欲睡，引锥自刺其股，血流至足。

【故事】 汉朝有个名叫孙敬的人，刚开始由于知识浅薄，得不到重用，很多同僚甚至家里人都看不起他，让他很受刺激，下决心认真钻研学问。从此之后，孙敬就关起屋门，独自一人不停地读书学习。孙敬每天从早晨读书到晚上，从日出学习到日落，废寝忘食，孜孜不倦。有时读书时间长，孙敬有了困意或倦意，就开始打瞌睡。怕打瞌睡影响自己的读书学习，孙敬想出了一个特别的办法：

把自己的头发（古人的头发很长）用一根绳子的一头拴住，绳子的另一头牢牢地绑在房梁上。每当他读书疲劳时打盹，头一低，绳子就会牵住头发，这样就会把头皮扯痛，他就会马上清醒，然后再继续读书学习。

这就是孙敬头悬梁的故事。由于年复一年地刻苦学习，孙敬饱读诗书，博学多才，成为一名通晓古今的大学问家。

战国时期有个名叫苏秦的人，是与张仪齐名的纵横家、政治家。和孙敬一样，苏秦年轻时学问一般，曾到好多地方做事，都不受重视。回家后，"妻不下织，嫂不为炊，父母不与言"。苏秦颇受刺激，他下定决心，发奋读书。苏秦常常读书到深夜，又累又困之时常打盹。于是他想出了一个方法，准备一把锥子，当他一打瞌睡时，就用锥子往自己的大腿上刺一下。由于猛然间感到疼痛，苏秦立即清醒过来，有了精神，然后接着读书。

这就是苏秦锥刺股的故事。后来苏秦的合纵攻秦的提议被齐王、赵王接受，于是苏秦成为战国时期有名的纵横家。

人们从孙敬和苏秦刻苦读书的故事中，引申出"悬梁刺股"这个成语，用来比喻发奋读书、刻苦学习的精神。社会发展到今天，孙敬和苏秦"悬梁刺股"努力学习的精神仍值得大家借鉴。

一笔勾销

【释义】 把本册上的记载，一笔抹掉，表示彻底否定，或比喻把一切全部取消。

【出处】《五朝名臣言行录》：公取班簿，视不才监司，每见一人姓名，一笔勾之。

【故事】 北宋时期著名政治家、军事家和文学家范仲淹有一句名言："先天下之忧而忧，后天下之乐而乐。"这句著名的格言是他一生努力奉行的为人准则，也是其崇高思想境界的概括。范仲淹幼年时父亲病卒，母亲谢氏因为生活所迫，不得不带着他改嫁到山东淄州一户朱姓人家。小时候，范仲淹并不知道自己的身世，但他的地位跟朱家两个孩子根本不一样：他们吃肉，范仲淹能有口肉汤喝就算不错了。

这样的生活持续了一段时间之后，范仲淹因为知道了自己的身世而显得郁郁寡欢，他一心要远离朱家，过上独立的生活。随着年龄的增长，范仲淹在广阔的天地中得以大展拳脚，先是于宋真宗祥符八年（公元 1015 年）高中进士，不久后就出任广德军司理参军。他回家把母亲接到自己身边，恢复了原来的姓名。

宋仁宗康定元年（公元 1040 年），因为西夏进犯，边关告急，范仲淹主动请缨，要求到陕甘边疆去担负抵御西夏进犯的重任。由于他治军有方、爱护士卒，在反击西夏进攻的战斗中，军民一心，频频取得胜利。从此，西夏人不敢再轻易进犯。在范仲淹的努力下，双方正式议和。

由于抵御西夏有功，范仲淹被调至京城担任副宰相一职，开始在政治上大展宏图。他联合富弼、欧阳修等人进行改革，开始实行新政。

范仲淹推行新政十分雷厉风行，对官员的考核与任命极为严格。他会亲自拿出来各地官员的名册，一一检查他们任职期间的政绩，对那些碌碌无为、只知贪图享受的官员绝不手软。当他发现有些官员做官就是为他们自己谋福利时，就将他们在名册上的名字一笔勾销，朱红的大叉醒目夺人。

范仲淹这样的举动得罪了不少人，跟他一起实行改革的富弼、欧阳修等人也开始规劝他说："你这样的做法是不是有点太过激进了？试试给他们一次机会改正他们的行为吧。如果能改掉以前的坏毛病，他们也会成为好官的。你想啊，你大笔一挥，勾掉一个名字相当容易，但是被勾掉的那个人岂不是要全家抱头痛哭？"

"我宁愿让他们全家抱头痛哭，至少这样于整个社会是没有害处的。如果我留着这样的官员在身边，就像埋下了潜在的祸患，什么时候会爆发都不知道。到时候，伤了我不要紧，如果伤了普天之下的黎民百姓，我如何对得起皇上的信任，对得起天下百姓的信任。得罪人的事情，我来做。我也不怕他们报复我。"范仲淹斩钉截铁地回答道。

由于范仲淹的改革力度实在太大、牵扯过多，触犯了贵族官僚的利益，不到一年范仲淹便被四面八方的人一起陷害，范仲淹不得不暂停改革，到陕西任四路宣抚使。下任的时候，老百姓们纷纷自发来为范仲淹送行，可见其在当地人民心中的位置。

后人一般用"一笔勾销"来形容把一切全都抹掉重新开始，或者是再也不提那些前尘往事。

一发千钧

【释义】 危险得好像千钧重量吊在一根头发上，比喻情况万分危急。发：头发。钧：古代的重量单位，一钧约合十五千克。

【出处】《与孟尚书书》：其危如一发引千钧。

【故事】 韩愈是我国唐代古文运动的倡导者，宋代苏轼称他"文起八代之衰"，明人推他为唐宋八大家之首，把他与柳宗元并称"韩柳"。韩愈有文章巨公和百代文宗之名，是当时有名的大文豪。韩愈主张文以载道，以复古求革新，用散文代替骈文，对后世影响非常大。

韩愈反对佛教，曾因为反对唐宪宗派使者去迎接佛骨入朝而得罪了皇帝，被贬到潮州当刺史。

韩愈在潮州百无聊赖，每天都在城内游荡。有一天，他走到一个寺院跟前，看到一个老和尚正在讲经，这位和尚修为很高，所说之言十分有禅理，韩愈越听越入迷，之后每天都会来听上一会儿。老和尚精通佛理，妙语连珠，与韩愈聊得特别起劲儿。在与老和尚的交往中，韩愈懂得了很多佛偈。初到潮州的韩愈朋友很少，却与这个和尚往来密切，于是没过多久谣言四起，坊间传言韩愈信奉佛教了。

韩愈的朋友孟郊十分信奉佛教，当他被贬谪到吉州后，听说韩愈信佛这件事情的时候，心中十分疑惑，当下写信去问韩愈："你真的信奉佛教了吗？你不是一直反对这件事情吗？为此还不惜上书劝阻皇帝结果被贬潮州，你怎么改变了呢？"韩愈接到孟郊的信后，深知是传言让他被人误会，人们以为他与和尚相往来，就是信奉了佛教。于是韩愈马上回信向孟郊解释，他说道："百孔千疮，随乱随失，其危如一发引千钧……"

韩愈对当时的大臣信奉佛教、不守儒道、一味拿迷信来蛊惑皇帝十分痛心疾首，时常加以抨击。同时，他对皇帝疏远贤人、使儒道败落也颇为愤慨，因为进言上书而被贬到地方做了一个小官。"一发千钧"就是比喻一件事情到了极危险的地步，危险程度就如同一根头发系着一千斤重的东西，随时都有断裂的可能。

后人一般用"一发千钧"来形容事情到了不得不解决的地步，也作"千钧一发"。

一箭双雕

【**释义**】 指射箭技术高超，一箭射中两只雕，比喻做一件事达到两个目的。雕：一种凶猛的大鸟。

【**出处**】《北史》卷二十二长孙晟传：尝有二雕飞而争肉，因以箭两只与晟，请射取之。晟驰往，遇雕相攫，遂一发双贯焉。

【**故事**】 长孙晟是北周、隋朝时期的武臣、著名外交家，河南洛阳人，为人聪敏，谦虚好学，又有军事方面的学识和本领，擅长摆兵布阵。长孙晟非常擅长射箭，在当朝闻名天下。

北周的皇帝为了安定北方的胡人，决定把一位公主嫁给胡人的首领摄图。在打算送公主前去和亲的时候，北周的皇帝选了又选，不知道要让谁去作为和亲大使既不会失了身份，又能够保证安全。经过一番谨慎的思考，北周的皇帝决定派长孙晟率领一批将士护送公主前往胡人的部落。

历经千辛万苦之后，公主一行人终于来到了胡人部落居住之地。胡人的首领摄图见到貌美如花的公主非常高兴，大摆三天酒宴以示庆贺，同时也感谢长孙晟这一行护卫军给他带来美眷。酒过三巡之后，按照胡人的习惯要比武助兴，摄图一方面为了显示自己这边的强大，一方面也想看看北周传说中的神箭手是什么样子，便命人拿来一张硬弓，要长孙晟射百步以外的铜钱，射中有赏。

　　长孙晟明白摄图的意思，为了表示北周的强大，他毫不退却，只听得"格勒勒"一声，一张硬弓被拉满，一支利箭"嗖"的一声射进了铜钱的小方孔，不偏不倚正好穿着那枚铜钱。

　　"好，实在是太好了！"摄图大声叫好，并且又递给长孙晟一支箭，说道："将军神手，请再表演一次。"大家的齐声喝彩激发了长孙晟的好胜之心，他又一次射中铜钱，洋洋自得地抚须而笑。

　　从此之后，摄图对长孙晟非常敬重，留他住了一年，并经常让他陪着自己一起去打猎。有一次，他俩正在猎一头猛虎，摄图猛地一抬头，发现天空中有两只大雕在争夺一块肉，他赶忙送给长孙晟两支箭说："将军能把这两只雕射下来吗？能射下来，今晚我们就有口福了。"

　　"一支箭就够了，大王不必再浪费另一支！"长孙晟边说边接过箭，策马驰去。只见他搭上箭，拉开弓，对准两只打得难分难解的大雕，"嗖"的一声，两只大雕便一起掉落下来。落在地上之后，众人马上过去捡拾，原来这一支箭贯穿两只大雕的喉咙，两只大雕一箭毙命，周围人对长孙晟的本领佩服得不得了。

　　后人一般用"一箭双雕"来形容做一件事情可以达到两个不同的目的。

一诺千金

【释义】 许下的一个诺言有千金的价值，比喻说话算数，极有信用。诺：许诺。

【出处】 《史记·季布栾布列传》：得黄金百，不如得季布一诺。

【故事】 秦朝末年，楚地有一位名士叫作季布，此人性情耿直，为人侠义好助，只要是他答应过的事情，无论有多大困难，即便是自己吃亏受气或者耗时费金，他都会想方设法为别人办到。他的这种个性受到大家的普遍赞扬，因而他的朋友遍布各地，几乎每位朋友都曾受过他的恩惠，并且对其侠名心服口服。

楚汉相争之时，季布是项羽的部下，曾几次为项羽出谋献策，他的计策十分有用，使刘邦的军队经常吃败仗。当刘邦登上大殿，当了皇帝之后，每每想起这些事情就气愤不已，于是下令通缉季布。

因为季布平时的侠义行为，所以暗中帮助他的人很多，季布在朋友的帮助下，没有被刘邦抓到。在通缉令出来不久之后，季布到山东一家姓朱的人家当佣工，虽然主人家知道他明明就是季布，但仍然收留了他，季布总算有了个落脚的地方。后来，朱家又到洛阳去找刘邦的老朋友夏侯婴给季布说情，希望能够网开一面，不再通缉他。刘邦在夏侯婴的劝说下，撤销了对季布的通缉令，打消了杀掉季布的念头，竟然还封他做郎中。之后，季布官至河东太守。

　　季布的同乡人曹丘生特别喜欢结交权贵，总是以此为资本来炫耀和抬高自己，好像认得许多达官显贵就是光荣的事情一样。季布对曹丘生的行为一向不屑，十分看不起他，也不齿与他为伍。但是曹丘生是个特别会钻营的人，他听说季布做了大官之后，就马上去见季布，希望能与他攀谈。

　　当季布听到曹丘生要来的消息后，就特别不高兴，也不打算跟他说话，要让他难堪得下不了台。谁知曹丘生一进厅堂，就跟季布又是打哈哈，又是作揖，不管季布脸色多么阴沉，话语多么难听，依旧拉拉家常，叙叙同乡情。曹丘生为人十分圆滑，他吹捧季布说："我听到楚地到处流传着'得黄金千两，不如得季布一诺'这样的话，您真是名声在外啊！身为您的同乡我感到特别自豪。您有这样好的名声，并且还有一群这样的朋友，连我都觉得自己脸上有光呢。"

　　接着曹丘生又说道："我觉得您的好名声全是靠自己赚来的，做事讲信用的人现在不多了，所以我一定会到处宣扬您。可是，您似乎不太愿意见到我。当然，我理解您贵人事忙，以后我还会常来看您的。"季布听了曹丘生的这番话，心里顿时高兴起来，觉得自己只是道听途说就觉得这个人不好，有点对不住老乡。于是，季布很爽快地留他住了几个月，并且像对贵客一样招待他，甚至在临走时，还送了他一笔厚礼。

后来，曹丘生与季布愈来愈熟，又不断地替季布到处宣扬他的美名，季布也觉得曹丘生这个人本质不坏，便认作自己的朋友。两个人互相帮助，曹丘生得到了一个讲信用的好朋友，季布的名声也越来越大。

后人一般用"一诺千金"来形容讲诚信、守诺言的人。

一丘之貉

【释义】 一个土山里的貉，比喻彼此同是丑类，没有什么差别。丘：土山。貉：像狐狸的一种野兽。

【出处】《汉书》卷六十六杨恽传：古与今，如一丘之貉。

【故事】 汉朝时有一位功名显赫的人名叫杨恽，他的父亲是汉昭帝时的丞相杨敞。杨恽自幼便受到良好的教育，家中藏书无数，他常常在藏书馆一待就是一天。杨恽未成年时便成为当朝的名人，汉宣帝时大将霍光谋反，也是他最先向汉宣帝报告。

因为报告谋反有功，事后杨恽被封为平通侯，这在当时是个不小的官职，杨恽也十分自豪。那个时候社会风气不好，在朝廷中做官的有钱人利用钱来行贿，可以经常在外玩乐不用工作；而没有钱行贿的人，甚至一年中没有一天休息也不会被上司褒奖。杨恽做了平通侯之后，下决心要把这些弊病全部革除。他说到做到，一经发现，马上处罚，一时之间，廉洁之风刮遍整个朝野，满朝官员都称赞他是个好官。

杨恽少年得志，又因功做了大官，于是骄傲和自满的情绪不可避免地发生在他的身上。他常常觉得自己是最对的，别人都没有他聪明睿智，所以他拿别人的意见不当回事，也不听取他人提出的不同意见，结果与汉宣帝最信任的旧友太仆长荣因意见不同争吵起来。

有一次，杨恽在朝上听降汉的匈奴人说到匈奴的首领单于被人杀害时，大声狂笑，说道："报应，报应。"群臣不禁面面相觑，杨恽看了一眼大家，便说道："遇到一个这样不好的君王，他的大臣们实在不幸，给他拟好治国的策略都弃而不用，让自己白白送了性命，要怪谁呢？"

群臣听到他开始高谈阔论便想转身就走，谁知杨恽并没有停止讲话，反而继续说道："就像秦朝的君王一样，专门信小人，杀害忠贞的大臣，结果亡国了。如果当年秦朝君王是一个明君，就不会听信谗言，致使国破家亡，那样说不定现在还是秦朝的天下呢。唉，从古到今的君王都是一样的，只听信小人的话，就像同一山丘里出产的貉一样，毫无差别呀！"此言可谓犯了大忌，杨恽也因为太过放肆而被免去职位。

《汉书》里的原文是："古与今，如一丘之貉。"后人将这两句话引申成"一丘之貉"这个成语，以此来比喻同类没有差别，像在同一个山丘里生长的貉一样，形体都是相同的，大多含有不屑一顾和讥诮的口吻。

后人一般用"一丘之貉"来形容同流合污的一类人，大多为贬义。

一网打尽

【释义】 比喻一个不漏地全部抓住或彻底肃清。

【出处】《东轩笔录》：聊为相公一网打尽。

【故事】 重耳和夷吾是两兄弟，是晋献公之子。两个人在才能方面各有千秋，都拥有自己的一批忠诚之士。公元前 655 年，夷吾遭到骊姬的迫害，逃到梁国避难。公元前 651 年，晋献公驾崩，正直的大臣里克杀了骊姬，先是派人迎接逃到翟国的年长一些的重耳回晋国做国君。没想到，重耳拒绝了。然后里克派人前往梁国迎接夷吾。而夷吾听信吕省的劝告，怀疑里克迎接他有阴谋，担心自己有生命危险，便贿赂秦国请求帮助。在秦国的帮助下，夷吾顺利当上了国君，成为晋惠公。

虽然夷吾当上了国君，但他的大臣中仍然有暗中拥护重耳的人，其中以里克和丕郑为首。晋惠公知道他们对自己有二心，但是鉴于这些人是拥立自己回国当上国君的有功之臣，因此对他们也无可奈何。有一次丕郑出外公干的时候，晋惠公借故杀了里克。丕郑回来后很恐惧，生怕自己也会遭到这种噩运。

可是时间一天一天过去了，始终没有发生什么对丕郑不利的事，于是他放下心来，但是他心中又十分恨晋惠公，便暗地召集同党，商量赶走夷吾，迎接重耳登位。一天深夜，屠岸夷来见丕郑。丕郑深知屠岸夷不会有好心，所以一直拒而不见。屠岸夷从中午等到深夜，一直不急不忙，终于在子夜才见到丕郑。丕郑假装浑然不觉，问他："你等了我这么久，有什么事情吗？"屠岸夷告诉他："主上要杀我，我想请你帮我，我实在没有办法了。""你去叫吕省救你吧，他办法那么多！"屠岸夷捶胸顿足，说道："吕省不是好人，他常常陷害我，我正要喝他的血，吃他的肉呢！"

丕郑听了屠岸夷的话，脸上写满了不相信，屠岸夷见丕郑神情严肃，若有所思，便接着献计如何推翻晋惠公，让重耳登位。丕郑听了这番大逆不道的话，立刻大声呵斥："是谁教你来说这些的，我对主上没有二心，不会这样做的。"

屠岸夷见丕郑对他一点儿都不信任，只好咬破了手指头，对天发誓说："我屠岸夷对天发誓，如果我是来刺探情报的，全家都死光。"丕郑见他发了这样郑重其事的誓言，便相信了他是真心想辅佐重耳，就和他一起密谋如何请重耳回朝。经过商议，他们一致决定写一封信让众人签名以示决心，信由屠岸夷贴身带走。

谁知道，第二天众大臣早朝，晋惠公怒发冲冠，一上来就问丕郑："你们为什么要迎公子重耳？难道我不够资格做国君吗？"丕郑听到这句话，心里着实一惊，转念就明白这是屠岸夷背叛的结果，心知肯定这次在劫难逃，也不分辩一句便被押走了，其他一同签字的大臣也一一被绑走。于是，九位反对夷吾的大臣都被一网打尽。

后人一般用"一网打尽"来形容一个不漏地全部抓住或彻底肃清。

一言九鼎

【释义】 一句话抵得上九鼎重，比喻说的话有很大影响，能起到很大作用，形容人说话信誉极高，一言半语就起决定作用。九鼎：古代国家的宝器，相传为夏禹所铸。

【出处】 《史记·平原君列传》：毛先生一至楚，而使赵重于九鼎大吕。毛先生以三寸之舌，强于百万之师。胜不敢复相士。

【故事】 战国时，各诸侯国战争不断，都在抢夺疆土。有一次，秦国的军队紧紧包围住了赵国的都城邯郸，形势十分危急。眼看一场大战迫在眉睫，赵国国君孝成王十分紧张，不由得来回搓手，一边走来走去，一边说道："这可怎么办好呢？是跟他们和解，还是派兵去与他们拼个你死我活？可是派兵打仗，又打不过他们啊。究竟应该怎么办？"

后来，孝成王想到一个办法，让平原君到楚国去求援。平原君计划带领二十名门客前去完成这项使命，但他挑选出了十九名，尚缺少一人。就在这个时候，他的门客毛遂自告奋勇提出要与平原君一起去。尽管对毛遂的能力平原君半信半疑，却也容不得多想，勉强决定带着他一起前往楚国。

平原君到了楚国之后，跟楚王也没有周旋，直接单刀直入谈及援赵之事。可是，无论平原君说什么，楚王都不理会这个话题，完全是天南海北地说些不相关的事。平原君十分着急，却也无计可施，眼见这边谈了半天毫无结果，而那边又火烧眉毛。

就在此时，忽然毛遂一步向前，对楚王说："我们今天来请您派援兵，实际上不仅仅是因为我们国家的问题，眼下这个局势，您的国家比我们更需要胜利来振奋军民之心。好像我记得您的军队已经连吃了好几次败仗了吧。楚国虽然兵多地广，现在却是军心不定，依我看，您这次出兵，一定会让将士们神勇起来，也给秦国一点儿颜色看看。"

毛遂的一席话说得楚王哑口无言，口服心服，但是楚王仍然心存疑虑。楚王说道："现在是你们兵临城下，不是我们。如果我不出兵，你们将面临灭国的危险，纵然我的军队需要振奋起士气，但是如果我不出兵，你们的国家面临的将是灭亡。"毛遂不卑不亢，反击道："您说的没错。但是，如果我们灭亡了，对您一点儿好处也没有。我们失去我们的家园，大量的难民会涌向您的国家，难道您可以制止吗？况且，您这次帮了我们，以后我们就是盟国，如果您有麻烦，我们的国君也会帮忙的。"果然，在毛遂的劝说下，楚王立即答应出兵援赵。

平原君回到赵国后，向孝成王感慨地说："毛先生一至楚，而使赵重于九鼎大吕（大吕：钟名，周朝的宝物，被视为与九鼎一样代表国家的宝器）。"平原君夸奖毛遂"一言九鼎"的本意其实是想烘托出他的口才好，可是在后世的演变中逐渐成了信守诺言的典范。

后人一般用"一言九鼎"来形容说话办事十分讲信用或所说的话非常有分量。

一意孤行

【释义】 原意为谢绝请托，按照自己的想法去处理事情，现指顽固按照自己的想法，独断独行，不采纳他人的意见。意：意见，想法。孤：一个人。行：行动。

【出处】《史记·酷吏列传》:（赵）禹为人廉倨。为吏以来，舍毋食客。公卿相造请禹，禹终不报谢，务在绝知友宾客之请，孤立行一意而已。

【故事】 西汉时期，有个叫赵禹的人，为人爽直，做官清廉。他出任太尉周亚夫的属官，在任时尽职尽责，博得了不少好评。一个偶然的机会，汉武帝刘彻看到了赵禹写的文章，被赵禹犀利泼辣的文风吸引，而文章中寓意深刻的思想也让汉武帝对他刮目相看，汉武帝认为在当时很少有人及得上赵禹的文笔。

汉武帝大为赏识赵禹，便连升他的官职，先是让他做御史，后又升至太中大夫，最后决定让他同太中大夫张汤一起负责制定国家法律。这可是个天大的好事，也体现出汉武帝对赵禹的器重。为了用严密的法律条文来约束办事的官吏，赵禹与张汤二人根据汉武帝的旨意，对原有的法律条文进行了补充和修订。

这在当时是一件惊天动地的大事，许多官员多年在官场打拼，一直都行走在法例的边缘，常常是打着擦边球行世。于是，他们纷纷找到赵禹，希望他能手下留情，把法律条文修订得虽不能说有些可以钻的漏洞，但至少有个回旋的余地，不至于无可商量。他们纷纷请赵禹和张汤一起做客赴宴，以期能达到自己的目的。但是赵禹从来不允应他们的宴请，一再推脱。这样几次以后，不少人都说赵禹官架子大，看不起人。

赵禹的行为让他无端得罪了不少人，一时之间人心浮动。赵禹和张汤经过周密的考虑和研究，决定制定知罪不举发和官吏犯罪上下连坐等法律条文，用来限制在职官吏，不让他们胡作非为。消息一经传出，官员们都表示如此严酷的刑法实在难以接受，纷纷请一些公卿去劝说赵禹，不要把法律条文定得太苛刻了，如此制定法律条文于人于己都没有好处。

公卿们收到众官员的嘱托后，带着重礼来到赵禹家，打算劝说赵禹。谁知赵禹见了公卿们，只是天南海北地闲聊，并不理会那些明示暗示，只要话题一转到这个方面，赵禹就立刻顾左右而言他。如此周旋一段时间之后，公卿们眼见实在说不下去，再说也无益，便起身告辞了。临走前，赵禹硬是把他们带来的重礼一一退还。

久而久之，人们都感觉到赵禹是一个极为廉洁正直的人，是真心想治理好国家。有人问赵禹："难道你不考虑周围人的想法吗？或者考虑一下因为你的种种行为而对你进行报复？"他说：

"我这样断绝好友或宾客的请求，就是为了更好地发展国家，也是为了自己能够独立地决定、处理事情，按照正确的想法来办事，不受别人的干扰。"

后来"一意孤行"渐渐演变为形容不听取他人意见、刚愎自用的行为。

凿壁偷光

【释义】 凿通墙壁，引进烛光，形容家贫而读书刻苦。凿：凿通。

【出处】《西京杂记》：匡衡字稚圭，勤学而无烛，邻舍有烛而不逮。衡乃穿壁引其光，以书映光而读之。

【故事】 匡衡是西汉时期有名的学者，汉元帝时位至丞相。但是这位官至丞相的学者，小时候家里异常贫困，连买蜡烛的钱都没有。

匡衡家世代务农，但他小时候却十分好学，喜欢读书。由于家境贫寒，没钱买书，匡衡就去大户人家做雇工，不要报酬，只要东家让他读遍书房的书即可。东家深受感动，就把所有的书都借给他读。但是，匡衡家实在是太穷了，连买蜡烛的钱都没有，所以一到晚上，匡衡就不能读书学习了。为此，匡衡十分发愁。

一天晚上，匡衡无意中发现自家的墙壁上似乎有一些亮光，他起床一看，原来是墙壁裂了缝，邻居家的烛光从裂缝处透了过来。匡衡立刻有了一个主意。只见他找来一把凿子，从墙壁裂缝处凿出一个小孔。很快，一道烛光射了过来，匡衡就着这道烛光，认真地看起书来。以后，每天晚上，匡衡都靠着墙壁，就着邻居的烛光读书学习。由于他从小勤奋好学，后来成了一名知识渊博的经学家。

　　匡衡成名后，他小时候借邻居烛光读书的故事也广为流传，被后人概括为成语"凿壁偷光"。后来，人们就用"凿壁偷光"来形容一个人利用各种条件刻苦学习。

朝三暮四

【释义】 原指玩弄手法欺骗人，后比喻常常变卦，反复无常。

【出处】《庄子·齐物论》：朝三而暮四。

【故事】 战国时代宋国有个叫狙公的人，在家里养了许多猴子，数量多到他自己都数不清有多少。猴子们在他家大摇大摆，上蹿下跳。狙公长时间与猴子待在一起，特别了解这种动物的心性，猴子们表达的意思，他都能猜个八九不离十。而猴子也非常聪明，能够大致明白狙公说的话，还会用各种不同的姿势和叫声来表达自己的意见。猴子们与狙公相处得十分愉快，每天都会到狙公身边与他嬉戏。狙公很疼爱猴子们，总是带着它们晒太阳，给它们吃新鲜的蔬果，还帮它们抓痒。

天有不测风云，有一年，狙公所住的村庄闹饥荒，全村人都饿得吃不饱饭。虽然狙公一再缩减家人的口粮来满足猴子的食欲，但到最后他仍然没有办法像之前一样给予猴子们充足的口粮，他必须减少给猴子们的口粮，以应付这场灾难。但是，猴子们十分精明，它们发现自己的食物变少了，十分不高兴，龇牙咧嘴向狙公表示不满。

狙公跟猴子们说道："现在天下大乱，又遇上天灾，久旱不下雨，地里颗粒无收，连我们都没有粮食吃。我已经尽量满足你们的需要，但是仍然不能像之前那样供应你们。从明天开始，我早上各给你们三颗果子，下午各给你们四颗果子，好不好？"猴子们听说要减口粮都纷纷站起来表现出生气的样子，以示不同意。

狙公看到猴子们的表情，就知道它们不同意这种决定，可是每天能给每个猴子的果子只能七颗，不能再加量了。狙公转了转眼珠，说道："好吧好吧，我知道你们不同意。这样好了，从明天开始，我每天早上各给你们四颗果子，晚上各给三颗，这样够吃了吧？真拿你们没办法。"猴子们听说早上的果子从三颗变成四颗，根本顾不上晚上的数量，以为食物增加了，高兴得不得了，都跑过来对着狙公又蹦又跳，有的还趴在地上，双手作揖。

狙公眼见这些猴子根本不了解总量没有变，只是上午多一颗，下午少一颗，调整了一下，不禁摇头笑笑，心里想道："原来动物就是动物，还是人聪明啊。"

后人一般用"朝三暮四"来比喻前后变换，迷人耳目，或者形容出尔反尔，没有准主意。

指鹿为马

【释义】 指着鹿，说是马，比喻故意颠倒是非，混淆黑白。

【出处】《史记·秦始皇本纪》：赵高欲为乱，恐群臣不听，乃先设验，持鹿献于二世，曰："马也。"二世笑曰："丞相误邪？谓鹿为马。"问左右，左右或默，或言马以阿顺赵高。

【故事】 赵高是战国末年的赵国人。他出身卑微，被作为战利品掳入秦国。由于他很会察言观色且诡计多端，又通法律，很快就得到了秦始皇的信任，被提拔为中车府令。公元前 210 年，秦始皇出京巡游，次子胡亥及丞相李斯一同前往。半路上始皇突然患上了疾病，而且非常严重，于是他急忙命令赵高给长子扶苏发一道诏书，让扶苏把军队的指挥权交给大将蒙恬，然后迅速赶到咸阳来办理自己的后事，并继承皇位。然而赵高还没把诏书送出去，秦始皇就病逝了。

赵高在秦国高层任事多年，早已谙熟了宫廷权力之争的残酷。他明白，一旦扶苏当上了皇帝，自己必定会受到冷落和排挤，所以这道遗诏对自己是极为不利的。唯有扶立对自己言听计从的胡亥，才有可能保住自己日后的地位。

　　于是，赵高秘不发丧，与李斯、胡亥一道，偷梁换柱，伪造了"立胡亥为太子""令扶苏与大将蒙恬自杀"的遗诏，帮助胡亥成功篡夺了帝位。而他自己也因为拥戴有功，很受胡亥的宠信，被任命为中书令，位在列卿，成为朝中的实权人物。

　　仅仅这些还不够，赵高又挑拨胡亥残杀众大臣与皇室子弟，彻底清除异己。后来，为了巩固自己的地位，赵高又用计除去了李斯，夺得丞相之位，独揽朝政大权。可是，他并没有满足，野心勃勃的他又开始盘算着篡夺皇位。由于不知道朝中大臣有多少人会支持他，他就想了一个办法，准备试一试自己的威信，同时也弄清楚反对自己的人是谁。

　　于是，一天上朝时，赵高让人牵来一只鹿，对秦二世说："陛下，我献给您一匹好马。"秦二世一看，心想：这哪里是马，分明是一只鹿嘛！便笑着对赵高说："丞相你搞错了，这哪是什么马啊，分明是一只鹿嘛！"赵高面无表情地说："请陛下仔细看看，这的确是一匹马，而且还是千里马。"胡亥又看了看那只鹿，难以置信地说："马的头上怎么会长角呢？"赵高转身对着众大臣说："陛下如果不相信我说的话，可以问问各位大臣。"

　　大臣们不知道赵高葫芦里卖的是什么药，私下里嘀咕：这不明明是鹿吗？到底在搞什么名堂。而当他们看到赵高的表情时，全明白怎么回事了。

　　正直而不畏权势的大臣，纷纷坚持说那是一只鹿，肯定不是马；

胆子小又不愿违背良心的人都低下头不说话，因为说假话对不起良心，说真话又怕日后被赵高陷害；奸佞小人为了讨赵高的欢心，昧着良心对秦二世说："陛下，您看错了，这的确是一匹千里马。"

志在四方

【释义】 形容有远大的志向和理想，不局于一地。志：志向。
四方：指天下。

【出处】《左传·僖公二十三年》：子有四方之志，其闻之者
吾杀之矣。

【故事】 战国时期鲁国有个叫孔穿的人，是孔子第五代孙。
此人为人豁达，对朋友仗义相助。有一次，他出游到赵国（今河南
省南部）结识了平原君门下的宾客邹文与季节，他们三人十分谈得
来，经常在一起把酒言欢，吟诗作对。久而久之，三人结下了深厚
的友情，每次见面都要痛痛快快地聊上一晚。

三人时常聚会，又常常一起谈天说地，这样的生活过了很长一
段时间，孔穿因故要回自己的国家。临走的时候，孔穿想约邹文与
季节再次相见。孔穿说："两位仁兄，我要回自己的国家，这一别，

不知道要多久才能再相见，今天我们再次痛痛快快地喝一晚吧。"

邹文和季节听到孔穿的话，先是十分吃惊，继而特别难过，心中十分不舍这个志同道合的朋友，他们说道："孔兄，难得我们这样惺惺相惜，这段时间我们相处得很愉快。你离开这儿的时候，我们一定要十里相送，请不要拒绝。"孔穿十分感动，念泪说道："谢谢两位的抬爱，我孔穿无以为报。如果再有相聚的一日，请到鲁国我的家中，咱们再叙。"

很快，孔穿就踏上了回国的征程，邹、季两人沿路相送，没想到竟然一连送了三天，陪着孔穿走了很多路。他们总是说，送到这里就告别，可又恋恋不舍。这一送又一送，竟然到了赵国的边境，如此一来，真的是到了不得不分别的时候。

邹文和季节眼见这位与他们相知相识的好友就要回到鲁国，再见无期，纷纷难过得流下眼泪。孔穿看到他们流泪，只得躬身向他俩轻轻一揖，便转身而去，再不回头望一眼。与孔穿同行的人十分不理解他为什么会如此无情，对待两个朋友这样决绝。孔穿面对众人的疑惑，回答道："起初，我以为他们都是大丈夫，是成大事的男儿，真想不到原来如此婆婆妈妈。纵然人生之中的友情可贵，但是人应有四方之志，怎么能因为儿女情长而耽误了大事呢？"孔穿的话，令同行的人大呼爽快。

后人一般用"四方之志"来形容具有远大的抱负和伟大的理想，也作"志在四方"。

忠言逆耳

【释义】 指忠告的话往往因不合自己的想法，而听不进去。逆耳：不顺耳，不中听。

【出处】 ①《韩非子·外储说左上》：忠言拂于耳，而明主听之，知其可以致功也。

②《史记·留侯世家》：忠言逆耳利于行，良药苦口利于病。

【故事】 公元前207年，刘邦攻下咸阳后，在将士的陪同下，来到富丽堂皇的阿房宫。但见宫殿中富贵华丽，美女如云，刘邦感到一种前所未有的新奇与满足，于是不想离开。这时，部将樊哙看出了刘邦的心思，就直言到："主公想当一个富豪，还是想统领天下？"刘邦说："当然是统领天下。"樊哙就劝道："秦宫里是珍宝无数、美女如云，但这些都是导致秦朝灭亡的原因。请沛公速回灞上，不要在此逗留。"刘邦根本听不进樊哙所言，说："让我休息会儿吧。"

这时，谋士张良走上前来，原来他刚才听到刘邦和樊哙的对话，也劝道："俗话说，忠诚正直的话不顺耳，但对行动有利；好药一般都很苦，但却能治病。樊哙将军说得很对，希望主公听从他的劝告。"刘邦一直很信任张良，又想到等拥有天下之后，美女、富贵迟早都会到手，就听从了樊哙、张良的劝告，吩咐部下封了仓库，关上宫门，返回灞上了。

后来，刘邦召集咸阳附近各县的父老，与他们约法三章，表示汉军绝不扰民，从而赢得了关中百姓的支持，为他以后在楚汉大战中打下了良好的群众基础，最终统一中原，成为一代君王。

成语"忠言逆耳"就来自樊哙和张良劝刘邦的故事，用来形容一些劝谏的话听起来刺耳，不易被人接受，但是却是最好的忠告。

众志成城

【释义】 万众同心，就如坚固的城墙一样不可摧毁；比喻众人团结一致，力量就强大无比。

【出处】 《国语·周语下》：众志成城，众口铄金。

【故事】 春秋中后期，周王室的地位越来越衰微，只保有天下共主的名义，实力却越来越弱。各大诸侯国相互兼并，扩大自己的疆域，而周王室拥有的地盘越来越小。但周王仍以天子自居，事事讲究排场，维持天子的气势与派头。其中，周朝末期的周景王更是一个昏聩无能又穷奢极欲的昏君。

周景王二十一年（公元前 524 年），周王室已经国库空虚，民生凋敝。周景王不仅没有觉得身为天子失职，还想搜刮更多的民脂民膏供自己享用，就下令废除了当时流通的小钱，重新铸造一种大钱。

大夫单穆公劝谏说："大王废小钱，铸大钱，受苦的是老百姓。现在我周室的子民生活越来越艰难，大王这样做会引起民愤的呀！"许多大臣也都纷纷进谏劝阻周景王。可是，周景王根本不听众臣的劝告，仍然一意孤行。最终，还是铸造了大钱，再次从老百姓的牙缝里掳掠到了一大笔财富。国库是富了，可百姓更加叫苦连天，民怨沸腾。有一些有钱的商人迁居到他国。

周景王二十三年（公元前522年），周景王又打算铸一口巨大的铜钟无射。周景王说，如此大的铜钟，也只有贵为周天子的他才有权力享用，这可是前室帝王都未曾享受过的庙堂音乐啊！单穆公再次劝阻道："大王，您不能这么做。铸巨钟要花许多钱，我大周的子民真的已经财力枯竭了，您没看到但凡有钱的商人，已经搬迁到一些诸侯国了吗？百姓们本来已经饥一顿饱一顿了，您再要铸大钟，岂不是让百姓们没有活路吗？再说了，先王们铸钟，钟的大小都是有规定的。如今大王却要铸巨钟，这巨钟如果铸出来，用击柱一撞，那还不把耳朵震聋了？这还谈得上音乐之美吗？短短两年之内，您做了两件劳民伤财的事情，这样下去，恐怕国家就很危险了，请大王三思而行。"

周景王觉得单穆公的话非常刺耳，就征求主管音乐的伶官州鸠的意见，想来铸巨钟对伶官的好处是明摆着的，州鸠一定会支持。但是，让周景王没有想到的是，伶官州鸠也反对铸钟，但他不敢像单穆公那样说得直接，只好委婉地侧面劝说周景王："卑职只是个卑微的小官，所知道的仅限于音乐而已。据圣人所说，各种乐器声音的大小、轻重是有界限的，超过这个界限，音乐就不和谐了。如今大王要铸巨钟，从音乐的角度考虑，好像没有悦耳之说。"但周景王认准了铸造巨钟的死理，根本不听劝谏，仍旧命人准备铸钟。

第二年，巨钟铸好了，有些谄媚的佞臣低头哈腰地夸大钟的钟声浑厚和谐，好听极了。周景王听后心花怒放，命人将州鸠找来，一边敲给他听，一边说："你听，钟声不是很好听吗？每个人都说钟声和谐悦耳呢！"

州鸠说："这算不得和谐。如果大王铸钟，天下的黎民百姓都为这件事高兴，那才算得上和谐。可是铸此钟弄得劳民伤财、怨声载道，我不知道和谐在哪里。俗话说：'众志成城，众口铄金。'大家万众一心，什么事情都能办成；如果大家都反对，就是金子也会被众口熔化。"

忠言总是逆耳，昏君偏听佞臣，一意孤行，所以周景王根本听不进这些劝告。几年后，周景王病死，周王朝也随即爆发了长达五年之久的内乱。

竹头木屑

【释义】 比喻积聚废物合理利用。竹头：锯剩之残竹。木屑：木头的碎末。

【出处】《晋书·陶侃传》：时造船，木屑及竹头悉令举掌之，咸不解所以。后正会，积雪始晴，听事前余雪犹湿，于是以屑布地。及桓温伐蜀，又以侃所贮竹头作丁装船。

【故事】 大家都很熟悉大文学家陶渊明，但是可知陶渊明的曾祖父陶侃也是历史上著名的人物，成语"竹头木屑"就是由陶侃而来的。

陶侃，字士行，他一生奉行对西晋统治者尽忠的宗旨，任劳任怨，不辞劳苦，就算被贬也毫无怨言，仍然对西晋忠心耿耿。陶侃做过县吏以及荆、江二州刺史，掌管其他六州军事等，是当时很有权力的高级官员。在他戎马生涯的四十余年里，始终保持着勤俭节约的作风，还经常勉励部下珍惜一草一木，为国为民多做贡献。

小时候，陶侃家境贫寒，生活困苦。父亲生病后，全家就靠母亲一人纺线织布维持生计。为了把儿子陶侃养育成才，母亲挖野菜、吃树皮，也让陶侃去私塾读书。可以说，母亲为了陶侃，付出了全部的心血。陶侃十六岁时，在县里谋到一个小吏的职位，负责管理鱼池。

刚上任不久，孝敬的陶侃就给母亲带回去一坛腌鱼。腌鱼是当时人们最喜欢吃的东西，但因为家里穷，母亲从来舍不得吃，偶尔有一两条，也是给陶侃吃。这次母亲就可以痛痛快快地吃个够了，陶侃非常开心。哪知道，母亲见到陶侃拿回来一坛腌鱼非常生气，责备他："你拿公家的东西孝敬娘亲，娘亲非但不会高兴，反而替你难过！"母亲的话使陶侃十分羞愧，从那以后，陶侃再也没有拿过公家的东西。

陶侃担任荆州刺史时，战事频频发生，为此要造一批结实无比的战船。为了保证战船的质量，陶侃常常去现场视察督导。连续几天，陶侃都发现船厂到处扔着大量的剩竹头和木屑等。工匠认为这些造船剩下的东西没用了，陶侃却觉得丢了非常可惜。于是，他就吩咐人把这些被称作废物的剩竹头、木屑全部登记收起来。别人见他这样做，心中都暗自好笑。

后来，一场大雪过后，大路上很泥泞非常难走，陶侃便命人把木屑拿出来铺在地上。这时，微不足道的木屑发挥了作用。又有一次，大将军桓温要去讨伐蜀地，事先赶造了很多船只，船板锯好了，但缺少竹钉，没法把船身装起来，大家都急得团团转。这时，陶侃又命人把竹头取出来送给桓温，削成竹钉，船便装起来了。

木屑可以铺泥路，剩竹头可以制成竹钉，原来废物都可以利用啊！大家回想起当时嘲笑陶侃收集废物，觉得非常不好意思。现在想想，还是陶侃考虑问题周到，深谋远虑。

陶侃不但自己节俭，而且非常反感那些毫不珍惜财物的人。一次，他去田地里视察农民的收作情况，看见一个小吏拿着一把没有成熟的青稻穗，就问他为什么这样做。小吏挠挠头说，没什么，就是随手采来玩的。陶侃非常生气，训斥道："你自己不种庄稼，还去糟蹋别人的庄稼！"当即把小吏教训了一通，还命令他赔给青稻主人几文钱。

公元 315 年，文韬武略的陶侃率兵击败杜弢（tāo）的反晋武装，又攻克长沙，声威很大，百姓争相拥护。权臣王敦因猜忌他会顺势据长沙为王，就解除了他的兵权，贬为广州刺史。

被贬后，陶侃的公务很少，他就开始每天早晨把一百块砖搬到书房外面，晚上又搬进书房，天天来回地搬进搬出，常常累得满头大汗。众人非常不解，甚至笑他白费力气，陶侃正色道："我正当壮年，总有一天要平定中原，报效国家。生活悠闲不但会变懒，还会败坏身体，以后如何担当重任？"人们听了不禁对他肃然起敬。

左右逢源

【释义】 到处遇到充足的水源，原指学识广博，应付自如，后也比喻无论怎么做事情都非常顺利，有时也用来讽刺为人圆滑，善于投机。逢：遇到。源：水源。

【出处】《孟子·离娄下》：资之深，则取之左右逢其原。

【故事】 春秋战国时期是中国历史上的诸子百家争鸣的时期，各种思想、学术互相争斗又相互影响，出现了众多对后世影响深远的学者、文人，当时真可谓群星灿烂。孟子是战国时期著名的思想家、教育家，也是儒家最重要的代表人物之一。他继承并发扬了孔子的思想，把孔子的"仁"发展成为仁政学说。孔子单讲仁，孟子则把仁与义并提。孟子是仅次于孔子的儒学宗师，著有《孟子》一书。

孟子教导学生要循序渐进地学习知识，这也是孔子循循善诱的思想的进一步发挥。孟子认为学习是自然的过程，一方面要自强不息，坚持学习，另一方面不应急于求成。他说："其进锐者，其退速。"进步太快的人，往往后退得也快。他还把学习的进度比作流水，当流水遇到坎坷时，必须要等水流满后才能继续向前流。孟子认为学习的时候既要坚持不间断地学习，但是又不能拔苗助长，急于前进。

孟子也重视学习的专心程度，他反对三心二意地学习。他以下围棋为例，说下围棋用的是小技术，但如果不专心致志去学，这种小技术也学不会。弈秋是下围棋的高手，假如让他教授两个学生下棋，其中一位很专心，听弈秋教导，另一个看起来也在听，心里却在想别的事，那么后者的学习成绩肯定不如前者。这是因为后者比前者愚钝吗？当然不是。

这说明学习成绩上的差异，和学习是否专心有关，而不是完全取决于人是否聪明。这是我国教育史上最早讨论的问题：注意与不注意以及注意的分配问题。

有一次孟子给他的学生讲治学之道，其中一位学生问孟子如何才能学到高深的学问，孟子告诉学生：首先方法要对，态度要端正，学习中要有自觉性，学习知识要心有所得，久而久之，就学得广、深、透。这样要运用知识的时候就能取之不尽，用之不竭，自然就会得心应手，左右逢源。

"左右逢源"最早见于《孟子·离娄下》，原本意思是功夫到家后，就会用之不尽，取之不竭，后比喻做事得心应手，相当顺利。因此"左右逢源"教育大家要注重先练功夫，后做事，也就是勤奋努力，不断学得新的知识，同时不怕困难、不屈不挠。